Légumineuses
en folie

Guy Saint-Jean Éditeur
3440, boul. Industriel
Laval (Québec) Canada H7L 4R9
450 663-1777
info@saint-jeanediteur.com
www.saint-jeanediteur.com

....

**Catalogage avant publication de Bibliothèque et Archives nationales du Québec
et Bibliothèque et Archives Canada**
Taylor, Genevieve
[Bean cuisine. Français]
Légumineuses en folie : 100 recettes craquantes pour manger santé tous les jours
Traduction de : Bean cuisine.
Comprend un index.
ISBN 978-2-89455-724-2
1. Cuisine (Légumes secs). 2. Livres de cuisine. I. Titre. II. Titre : Bean cuisine. Français.
TX803.B4T3914 2014   641.6'565   C2014-940662-2

....

Nous reconnaissons l'aide financière du gouvernement du Canada par l'entremise du Fonds du livre du Canada (FLC)
ainsi que celle de la SODEC pour nos activités d'édition.

Gouvernement du Québec – Programme de crédit d'impôt pour l'édition de livres – Gestion SODEC

© Marshall Editions 2013 pour l'édition originale
Publié originalement en 2013 sous le titre *Bean Cuisine – 100 naturally delicious recipes that are low-fat and super nutritious*
par Marshall Editions, The Old Brewery, 6 Blundell Street, London N7 9BH (www.quarto.com)

© Guy Saint-Jean Éditeur inc., 2014 pour l'édition en langue française
Traduction et révision : Linda Nantel
Correction d'épreuves : Émilie Leclerc
Mise en pages et conception de la couverture : Olivier Lasser
Photographies : Simon Pask

Dépôt légal — Bibliothèque et Archives nationales du Québec, Bibliothèque et Archives Canada, 2014
ISBN : 978-2-89455-724-2

Distribution et diffusion
Amérique : Prologue
France : Dilisco S.A.
Belgique : La Caravelle S.A.
Suisse : Transat S.A.

Imprimé en Chine
1ʳᵉ impression, août 2014

Guy Saint-Jean Éditeur est membre de l'Association
nationale des éditeurs de livres (ANEL).

Légumineuses

en folie

100 recettes craquantes
pour **manger santé**
tous les jours

GENEVIEVE TAYLOR

Guy Saint-Jean
ÉDITEUR

TABLE DES MATIÈRES

1 RECETTES SIMPLES POUR TOUS LES JOURS

RECETTES FESTIVES

2

77

3 LÉGUMINEUSES POUR EMPORTER

83

4 PURÉES ET GOÛTERS LÉGERS

115

DÉLICES SUCRÉS

5

128

INDEX

REMERCIEMENTS

POUR L'AMOUR DES LÉGUMINEUSES

J'adore les légumineuses! Même si elles n'ont l'air de rien, elles font partie des aliments les plus intéressants à cuisiner. Peu coûteuses et très rassasiantes, elles permettent de préparer des plats raffinés, élégants ou exotiques, et même des desserts. Les amateurs d'alimentation naturelle les apprécient depuis toujours, mais au cours des dernières années, le reste de la population a appris à mieux les connaître. Que vous utilisiez des légumineuses en conserve ou, si vous en avez le temps, des légumineuses sèches, les recettes de ce livre plairont à toute la famille.

Je suis toujours émerveillée de voir à quel point les légumineuses absorbent les parfums des épices et des fines herbes. Ce n'est pas sans raison si on les utilise dans les cuisines du monde entier. Elles se prêtent à mille et une préparations à cause de leur saveur douce et elles offrent l'avantage de se marier avec presque tous les ingrédients.

Prenez le temps d'essayer la soupe sucrée aux haricots aduki (page 135) et les gâteaux de lune (page 123) pour être conquis à votre tour. Les carrés aux haricots blancs, aux noisettes et au chocolat blanc (page 136) ont une texture moelleuse en plus de renfermer des fibres et des vitamines. Comme les légumineuses plaisent aux enfants, leur utilisation permet d'intégrer de bons nutriments dans leur alimentation. L'ajout de haricots blancs aux smoothies du petit-déjeuner (page 127) procure une bonne dose d'énergie qui nous accompagne pendant toute la matinée.

Les légumineuses ne sont pas réservées aux végétariens. Ce livre contient aussi des recettes à base de viande. Nous devrions tous apprendre à tirer profit de cette source végétale de protéines. Chaque fois que l'on remplace la viande par des légumineuses, nous réduisons notre empreinte écologique de façon significative. Je suis toujours surprise de voir à quel point une infime quantité de chorizo ou de pancetta peut illuminer un plat de légumineuses. Je suis aussi heureuse de vous proposer des recettes qui conviennent aux adeptes de l'alimentation végétarienne ou végétalienne.

Mon souhait le plus cher est de vous faire réaliser qu'en plus d'être excellentes pour la santé, les légumineuses peuvent être transformées en une infinie variété de plats. Elles ont vraiment tout pour plaire.

COMMENT UTILISER CE LIVRE

Les recettes de ce livre conviennent à tous les goûts et à tous les régimes alimentaires. Élaborées avec soin, elles vous feront découvrir de nouvelles saveurs, des méthodes de cuisson efficaces et des ingrédients variés des plus appétissants.

L'introduction contient toute l'information sur les différentes variétés de légumineuses, leur mise en marché et les meilleurs modes de cuisson pour mettre leur goût en valeur.

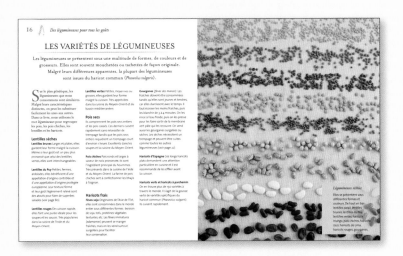

Avant de commencer, consultez le tableau indiquant le temps de préparation et de cuisson pour chaque recette ainsi que le nombre de portions obtenu.

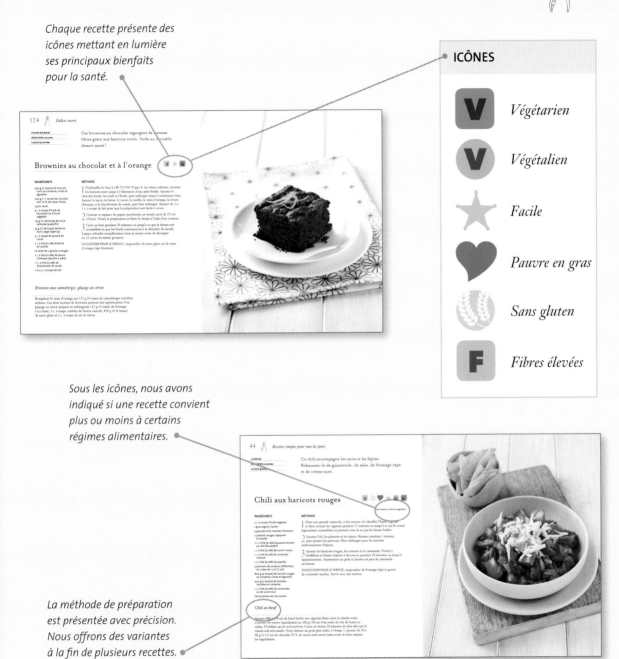
Chaque recette présente des icônes mettant en lumière ses principaux bienfaits pour la santé.

ICÔNES

V *Végétarien*

V *Végétalien*

★ *Facile*

♥ *Pauvre en gras*

Sans gluten

F *Fibres élevées*

Sous les icônes, nous avons indiqué si une recette convient plus ou moins à certains régimes alimentaires.

La méthode de préparation est présentée avec précision. Nous offrons des variantes à la fin de plusieurs recettes.

À la page 140, vous trouverez un index utile présenté selon le type de légumineuses.

DES LÉGUMINEUSES POUR TOUS LES GOÛTS

Il existe plusieurs variétés de légumineuses et elles sont très faciles à préparer.
La plupart des recettes de ce livre utilisent des légumineuses fraîches
ou en conserve, mais on peut économiser beaucoup d'argent en employant
des légumineuses sèches.

LES VERTUS SANTÉ DES LÉGUMINEUSES

Les légumineuses sont des cadeaux de la nature. Bonnes pour la santé
et délicieuses, elles se prêtent à une multitude de préparations.
Leur valeur nutritive est intéressante.

10 vertus *extraordinaires*

1 Extrêmement économiques, surtout si on en mange plusieurs fois par semaine.

2 Elles sont composées de 20 à 25 % de protéines, soit deux fois plus que le blé et trois fois plus que le riz.

3 Leur indice glycémique peu élevé aide à stabiliser la glycémie après un repas.

4 Une portion de 200 g (1 tasse) contient la moitié de la quantité de fibres recommandée quotidiennement pour les adultes.

5 Exemptes de cholestérol et pauvres en gras.

6 Une bonne source de minéraux essentiels, dont le fer, le magnésium, le phosphore et le zinc.

7 Teneur élevée en acide folique et autres vitamines B.

8 Exemptes de gluten, elles conviennent aux diètes sans blé ou destinées aux personnes atteintes de la maladie cœliaque.

9 Peu allergènes ; l'allergie aux légumineuses est très rare.

10 En remplaçant la viande par des légumineuses, on participe concrètement à la protection de l'environnement.

Les légumineuses sont riches en fibres et en protéines, pauvres en gras, exemptes de cholestérol en plus d'être une bonne source de vitamines B et de fer. Elles renferment beaucoup de glucides à absorption lente et des quantités significatives de minéraux importants (cuivre, phosphore, manganèse et magnésium). Elles sont considérées comme des superaliments par les végétariens, mais nous aurions tous avantage à les intégrer plus souvent dans notre alimentation.

En plus d'être délicieuses, les légumineuses sont faciles à préparer. Apprenez à les faire cuire de façon adéquate et laissez-vous guider par votre inspiration pour composer des repas bons pour la santé.

Haricots verts frais

Tel qu'expliqué à la page 16, il existe plusieurs variétés de haricots frais. On peut parfois manger la gousse, mais souvent on ne consomme que la graine. Dans le sens des aiguilles d'une montre, à partir du haut : haricots d'Espagne, haricots verts, edamames, gourganes.

LES VARIÉTÉS DE LÉGUMINEUSES

Les légumineuses se présentent sous une multitude de formes, de couleurs et de grosseurs. Elles sont souvent mouchetées ou tachetées de façon originale. Malgré leurs différences apparentes, la plupart des légumineuses sont issues du haricot commun (*Phaseolus vulgaris*).

Sur le plan génétique, les légumineuses que nous consommons sont similaires. Malgré leurs caractéristiques distinctes, on peut les substituer facilement les unes aux autres. Dans ce livre, nous utilisons le mot *légumineuses* pour regrouper les pois, les pois chiches, les lentilles et les haricots.

Lentilles sèches

Lentilles brunes Larges et plates, elles gardent leur forme malgré la cuisson. Même si leur goût est un peu plus prononcé que celui des lentilles vertes, elles sont interchangeables.

Lentilles du Puy Petites, fermes, ardoisées, elles bénéficient d'une appellation d'origine contrôlée et d'une appellation d'origine protégée européenne. Leur texture ferme et leur goût légèrement relevé sont des atouts pour faire de superbes salades (voir page 80).

Lentilles rouges De cuisson rapide, elles font une purée idéale pour les soupes et les sauces. Très populaires dans la cuisine de l'Inde et du Moyen-Orient.

Lentilles vertes Petites, moyennes ou grosses, elles gardent leur forme malgré la cuisson. Très appréciées dans la cuisine du Moyen-Orient et du bassin méditerranéen.

Pois secs

Ils comprennent les pois secs entiers et les pois cassés. Ces derniers cuisent rapidement sans nécessiter de trempage tandis que les pois secs entiers requièrent un trempage court d'environ 1 heure. Excellents dans les soupes et la cuisine du Moyen-Orient.

Pois chiches Pois ronds et larges à saveur de noix prononcée, ils sont l'ingrédient principal du hoummos. Très présents dans la cuisine de l'Inde et du Moyen-Orient. La farine de pois chiches sert à confectionner les bhajis à l'oignon.

Haricots frais

Fèves soja Originaires de l'Asie de l'Est, elles sont consommées dans le monde entier sous différentes formes : boisson de soja, tofu, protéines végétales texturées, etc. Les fèves immatures (*edamames*) peuvent se manger fraîches, mais on les vend surtout surgelées pour faciliter leur conservation.

Gourganes (*fèves des marais*) Les fraîches doivent être consommées tandis qu'elles sont jeunes et tendres, car elles durcissent avec le temps. Il faut écosser les moins fraîches, puis les blanchir de 3 à 4 minutes. On les rince à l'eau froide, puis on les presse pour les faire sortir de la membrane vert pâle qui les recouvre. On vend aussi les gourganes surgelées ou sèches. Les sèches nécessitent un trempage et peuvent être cuites comme toutes les autres légumineuses (voir page 22).

Haricots d'Espagne Ces longs haricots plats demandent une attention particulière en cuisine et il est recommandé de les effiler avant la cuisson.

Haricots verts et haricots à parchemin On en trouve plus de 150 variétés à travers le monde. Il s'agit de la gousse verte de variétés spécifiques du haricot commun (*Phaseolus vulgaris*). Ils cuisent rapidement.

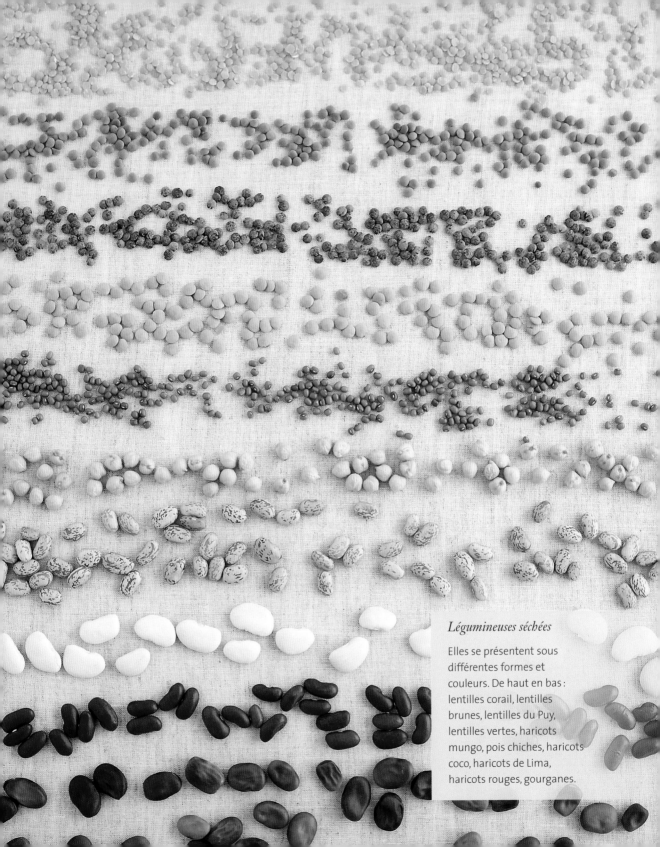

Légumineuses séchées

Elles se présentent sous différentes formes et couleurs. De haut en bas : lentilles corail, lentilles brunes, lentilles du Puy, lentilles vertes, haricots mungo, pois chiches, haricots coco, haricots de Lima, haricots rouges, gourganes.

Légumineuses en conserve

Aduki Petits haricots rouges durs de Chine et du Japon, ils servent à la confection d'une pâte de haricots rouges légèrement sucrée utilisée dans plusieurs confiseries et plats asiatiques. On peut les remplacer par les haricots mungo dans les recettes.

Doliques à œil noir Petits, de couleur blanc crème et portant une tache noire caractéristique, ils sont très utilisés dans la cuisine du sud des États-Unis même s'ils sont originaires d'Afrique.

Flageolets Très prisés dans la cuisine française, ce sont de petits haricots blancs qui ont été récoltés et séchés avant d'atteindre leur pleine maturité. Petits, ovales, vert pâle et à saveur douce, ils sont tendres après cuisson sans toutefois devenir aussi crémeux que les petits haricots blancs parvenus à maturité.

Haricots blancs (*Great Northern, cannellinis, haricots blancs géants*) Blancs, larges et ovales, ils ont un goût délicat et une texture molle. Ils peuvent remplacer les petits haricots blancs en cuisine.

Haricots coco Blancs et striés de rose, ils prennent une belle couleur brun rosé à la cuisson. Populaires dans la cuisine italienne à cause de leur texture crémeuse, on peut se les procurer frais en saison, séchés ou en conserve.

Haricots de Lima Blancs, larges et plats, ils ont une texture tendre, crémeuse et légèrement féculente. Délicieux dans les ragoûts ou en purée pour remplacer les pommes de terre. Il est préférable de les acheter en conserve, car les secs sont difficiles à cuire, passant d'une texture trop dure à une consistance trop molle en quelques minutes seulement.

Haricots mungo Petits, fermes et vert foncé, ils sont très populaires dans toute l'Asie, entre autres dans les caris. On les consomme aussi crus sous forme de germes de haricot.

Haricots noirs Ils conservent leur couleur noire à la cuisson et prennent une texture crémeuse. Ils sont très prisés dans la cuisine des Antilles, du Mexique et de l'Amérique du Sud.

Haricots pinto De couleur beige, mouchetés de brun clair, ils deviennent crémeux à la cuisson avec une belle couleur brun rosé. Utilisés couramment dans les plats de haricots frits et les burritos, on peut les remplacer par les haricots coco.

Haricots rouges Avec leur couleur vibrante et leur goût prononcé, ils font d'excellents chilis. Leur texture ferme est aussi appréciée dans les salades et les plats en casserole.

Petits haricots blancs Gros comme un pois, de couleur blanc crème, ils sont utilisés traditionnellement pour préparer les fèves au lard et les haricots au four (voir page 52). Leur saveur est douce et leur texture est plutôt lisse. On peut les remplacer par les haricots blancs et les haricots de Lima dans les recettes.

Légumineuses en conserve

De haut en bas et de gauche
à droite : haricots noirs, haricots
aduki, flageolets, petits haricots
blancs, doliques à œil noir
et haricots coco.

Les gourganes

Comme la plupart des légumineuses, les gourganes (fèves des marais) se vendent en conserve, fraîches, surgelées ou sèches. Chaque recette indique lesquelles utiliser.

QUEL TYPE CHOISIR ?

Chaque recette de ce livre recommande un type de légumineuses : fraîches, sèches, surgelées ou en conserve. La plupart des plats peuvent être adaptés selon ce que vous avez sous la main. Les produits surgelés et en conserve ont l'avantage de ne nécessiter aucune préparation.

Quoi choisir ?

Les légumineuses en conserve nous font gagner du temps et éviter le gaspillage. C'est pourquoi toutes les recettes de ce livre les recommandent. Ayez-en toujours quelques boîtes dans votre garde-manger pour pouvoir préparer un repas santé en peu de temps. Rincez-les à l'eau froide, puis égouttez-les. Si vous avez du temps, n'hésitez surtout pas à utiliser des légumineuses sèches, car elles sont plus économiques et moins nocives pour l'environnement. Plusieurs personnes croient que le goût des légumineuses sèches fraîchement cuites est de loin supérieur à celui des produits en conserve (voir page 22.)

Substitutions

Toutes les recettes de ce livre peuvent employer des légumineuses sèches au lieu des légumineuses en conserve.

Il est bon de savoir que le poids des légumineuses sèches double après la cuisson. Par exemple, 400 g (2 tasses) de légumineuses en conserve donnent environ 200 g (1 tasse) une fois égouttées. Si vous voulez les remplacer par des légumineuses sèches, faites-en tremper 100 g (½ tasse) pour obtenir la bonne quantité après cuisson.

Achat et conservation

Même si les légumineuses sèches se conservent longtemps, leur temps de cuisson peut varier selon leur âge. Plus elles sont vieilles, plus leur cuisson sera longue. Les plus jeunes ont plus de goût. Une fois le sac ouvert, les légumineuses sèches se conservent environ un an. Mettez-les dans un contenant hermétique que vous garderez dans un lieu frais et sec à l'abri de la lumière. N'oubliez pas d'ajuster le temps de cuisson selon leur âge.

Boîtes de conserve

Les légumineuses en conserve se gardent très longtemps. Voilà pourquoi il est toujours bon d'en avoir quelques-unes à portée de la main. Vérifiez toujours la date limite de consommation sur le couvercle ou l'étiquette.

LA CUISSON DES LÉGUMINEUSES SÈCHES

Il est faux de croire que la cuisson des légumineuses est compliquée.
Il faut juste un peu de temps. L'utilisation de l'autocuiseur ou de la mijoteuse
vous évitera de devoir surveiller fréquemment la cuisson.

Toutes les légumineuses, sauf les lentilles et les pois cassés, doivent être mises à tremper avant la cuisson. Il en va de même des pois chiches. La réhydratation permet d'accélérer le temps de cuisson. Le trempage élimine une grande partie des antinutriments indigestes, réduisant ainsi certains symptômes liés aux flatulences. En intégrant de plus en plus souvent les légumineuses dans votre alimentation, ces symptômes s'estomperont.

Deux méthodes de trempage sont suggérées : le trempage long et le trempage court. Le trempage court est utile lorsqu'on a oublié de faire tremper les légumineuses ou que leur apparence dans le plat final n'a pas d'importance. Pendant la cuisson, leur pelure se fendillera ou plissera plus facilement. Pour faire un plat plus esthétique, il faut avoir recours au trempage long.

MÉTHODES DE TREMPAGE

Trempage long

1 Rincer les légumineuses à l'eau froide dans une passoire.

2 Mettre les légumineuses dans un grand bol. Couvrir généreusement d'eau froide et laisser tremper de 8 à 12 heures.

Trempage court

1 Rincer les légumineuses à l'eau froide dans une passoire.

2 Mettre les légumineuses dans une casserole. Couvrir généreusement d'eau froide, porter à ébullition et cuire rapidement pendant 2 minutes.

3 Retirer du feu et laisser tremper dans l'eau de cuisson pendant 1 heure avant de rincer et égoutter.

Cuisson

Quelle que soit la méthode de trempage choisie, rincer les haricots de nouveau avant de les mettre dans une grande casserole. Il ne faut jamais les faire cuire dans leur eau de trempage, sinon les glucides provoquant les flatulences resteront dans la casserole et, par le fait même, dans les légumineuses.

Porter à ébullition à feu moyen-vif. Baisser le feu et laisser mijoter jusqu'à ce qu'elles soient tendres sans être réduites en purée. Écumer le liquide de cuisson au besoin. Ajouter 1 c. à thé (à café) d'huile végétale à l'eau de cuisson pour réduire la formation d'écume. Ne pas ajouter de sel pendant la cuisson, sinon les légumineuses durciront.

Note Le temps de cuisson peut varier selon différents facteurs : l'âge et le degré de sécheresse des légumineuses, la grosseur et la variété utilisée de même que la durée du trempage.

Les légumineuses sèches peuvent remplacer celles en conserve dans les recettes. Voir tableau d'équivalences à la page suivante.

VARIÉTÉ DE LÉGUMINEUSES	ÉQUIVALENCES
SÈCHES	100 g (½ tasse)
EN CONSERVE [égouttées]	400 g (2 tasses) [200 g (1 tasse)]
FRAÎCHES	200 g (7 oz)

UTILISATION DE L'AUTOCUISEUR

L'autocuiseur (marmite à pression ou presto) accélère le temps de cuisson tout en réduisant la consommation énergétique. Son principal désavantage est que l'on ne peut pas observer ce qui se passe sous le couvercle ni vérifier la cuisson des aliments. Cela peut parfois causer des désagréments puisque, comme nous l'avons vu précédemment, le temps de cuisson des légumineuses peut varier selon l'âge et la qualité du produit.

Il est possible de mettre les légumineuses dans l'autocuiseur sans les faire tremper au préalable, mais elles risquent de plisser ou de se fendiller en cours de cuisson, comme dans le cas du trempage court. De plus, les antinutriments indigestes susceptibles de causer des problèmes de ballonnements ou de flatulences ne pourront pas être éliminés. Il est donc recommandé de faire tremper les légumineuses avant de les faire cuire dans un autocuiseur même si cette étape n'est pas indispensable.

Comme la cuisson se fait très rapidement, l'utilisation d'une minuterie numérique est de mise. Il suffit de quelques minutes de cuisson en trop pour avoir des légumineuses beaucoup trop molles.

Cuisson dans l'autocuiseur

1 Rincer les légumineuses à l'eau froide dans une passoire, puis les faire tremper selon la méthode choisie à la page 22 (trempage long ou court).

2 Mettre les légumineuses dans l'autocuiseur et couvrir généreusement d'eau froide. Ne jamais le remplir plus qu'à moitié, incluant le niveau de liquide. Si on le remplit trop, l'eau risque de bouillonner dans la soupape de sécurité et de créer un blocage. Le fait d'ajouter 1 c. à thé (à café) d'huile végétale dans l'autocuiseur réduit la formation d'écume pendant la cuisson de même que le risque de surpression.

3 Mettre l'autocuiseur sur la plaque de cuisson et l'amener à pression élevée. Commencer à calculer le temps de cuisson uniquement à partir du moment où l'autocuiseur a atteint une pression élevée (voir tableau à la page suivante).

Temps de cuisson

Le tableau de la page suivante indique les temps de cuisson normaux pour différentes variétés de légumineuses sèches ayant subi un trempage (sauf les lentilles qui n'en ont pas besoin).

Quésadillas

On peut cuire les doliques à œil noir en grande quantité et les congeler pour les intégrer plus tard dans différentes recettes, dont les quésadillas (page 107).

LÉGUMINEUSES	BOUILLIES (MÉTHODE CLASSIQUE)	AUTOCUISEUR (12 PSI DE PRESSION)
Aduki	30 à 45 minutes	6 minutes
Flageolet	1 h à 1 h 15	8 minutes
Haricot blanc	1 h à 1 h 30	10 minutes
Haricot coco	1 h à 1 h 30	10 minutes
Haricot de Lima	30 à 45 minutes	Non recommandé
Haricot noir	1 h à 1 h 15	8 minutes
Haricot pinto	1 h à 1 h 15	8 minutes
Lentille brune	15 à 20 minutes	Non recommandé
Lentille du Puy	15 à 20 minutes	Non recommandé
Lentille rouge	15 à 20 minutes	Non recommandé
Lentille verte	15 à 20 minutes	Non recommandé
Petit haricot blanc	1 h à 1 h 30	10 minutes
Pois chiche	1 h à 1 h 30	10 minutes

Temps de cuisson à l'autocuiseur Les données de ce tableau conviennent pour un autocuiseur fonctionnant à 12 psi de pression. Pour un autocuiseur fonctionnant à 15 psi de pression, il est important de réduire le temps de cuisson de 2 minutes.

CUISSON DES LÉGUMINEUSES À LA MIJOTEUSE

Si vous utilisez une mijoteuse, les légumineuses préalablement trempées demanderont de 4 à 6 heures de cuisson à température élevée. Quant à celles qui n'ont pas été trempées, il faudra compter de 3 à 4 heures de plus selon la variété et la qualité du produit. Une cuisson à basse température donnera un excellent résultat, mais la cuisson sera plus longue, soit de 10 à 12 heures pour les légumineuses prétrempées selon leur degré de qualité.

Il est important de noter qu'il ne faut jamais mettre de haricots rouges dans la cocotte de la mijoteuse à moins de les avoir d'abord fait bouillir pendant 10 minutes (voir ci-après).

Cuisson sans danger

Les haricots rouges renferment des toxines pouvant causer des symptômes d'intoxication alimentaire s'ils ne sont pas cuits de façon adéquate. Ne mangez jamais de haricots rouges crus. Faites bouillir les haricots rouges secs à feu vif pendant 10 minutes avant de les mettre dans la cocotte de la mijoteuse. Vous pouvez ensuite baisser le feu et les laisser mijoter jusqu'à ce qu'ils soient tendres.

Cuisson des haricots de Lima

La cuisson des haricots de Lima demande une attention particulière. Il suffit parfois de quelques minutes pour qu'ils soient réduits en bouillie. Il est important de bien calculer le temps de cuisson requis, surtout si on utilise un autocuiseur puisqu'il est impossible de vérifier ce qui se passe sous le couvercle.

Doubler les recettes

Certaines recettes de ce livre peuvent être facilement doublées ou triplées, par exemple ces haricots coco à l'aubergine (page 97) que l'on peut congeler en portions individuelles.

LA CONSERVATION DES LÉGUMINEUSES

Les légumineuses se conservent très facilement. Sèches, surgelées ou en conserve, leur goût est délicieux. Si vous avez des restes, vous pouvez les conserver en prévision d'un autre repas.

Conservation au réfrigérateur et au congélateur

Une fois que les légumineuses sèches ont été cuites ou que celles en conserve ont été rincées et égouttées, on peut les réfrigérer dans un contenant hermétique pendant quelques jours. Il vaut la peine de cuire deux fois plus de légumineuses sèches et d'en congeler la moitié pour un usage ultérieur. Transvidez-les dans un sac de congélation ou un contenant hermétique et inscrivez la date sur l'emballage. Elles se conserveront ainsi pendant 6 mois. Vous pourrez les faire décongeler au réfrigérateur pendant toute la nuit ou encore à la température ambiante. Cette précaution vous permettra de cuisiner toutes les recettes de ce livre sans devoir calculer le temps de trempage dans la planification de votre repas. Si vous employez des légumineuses surgelées dans une recette, il vous sera impossible de congeler les restes.

Conservation des restes

Si vous avez des restes après avoir fait une recette, vous pouvez les réchauffer sans risque pour la santé. Si vous prévoyez les manger le lendemain, laissez refroidir avant de mettre au froid. Pour accélérer le refroidissement, étalez les restes dans un plat très large plutôt que dans un contenant haut et profond. Les haricots cuits qui font partie des recettes de ce livre se conservent jusqu'à 3 jours au réfrigérateur.

Doubler ou réduire les quantités

Sauf indication contraire, les recettes de ce livre servent 4 portions. La plupart des recettes peuvent être doublées ou coupées en deux selon vos besoins. Mais comme les plats à base de légumineuses se conservent bien, n'hésitez pas à faire toute la recette afin d'avoir un surplus.

Truc pour la congélation

Si vous faites cuire une grande quantité de légumineuses sèches, congelez-les par petites quantités d'environ 400 g (2 tasses) plutôt que de toutes les mettre dans un gros contenant. Cela évitera le gaspillage puisque vous n'aurez qu'à sortir un ou deux contenants à la fois selon la recette choisie.

RECETTES SIMPLES POUR TOUS LES JOURS

Les recettes de ce chapitre vous permettront de concocter en peu de temps un repas qui satisfera les goûts de tous les membres de votre famille. Plusieurs plats peuvent être préparés en grande quantité et conservés au congélateur.

4 PORTIONS

PRÉPARATION 40 minutes, incluant le trempage

CUISSON 15 minutes

Ce riz accompagne les plats de poulet épicé, mais il est suffisamment nourrissant pour être servi tel quel ou avec une salade croquante.

Riz et haricots noirs au lait de coco

INGRÉDIENTS

300 g (1 ²/₃ tasse) de riz blanc à grain long

410 ml (1 ²/₃ tasse) de lait de coco

250 ml (1 tasse) d'eau

1 c. à thé (à café) de piment de la Jamaïque entier ou ¹/₂ c. à thé (à café) de piment de la Jamaïque moulu

1 c. à soupe de thym séché

1 c. à thé (à café) d'origan séché

1 c. à thé (à café) de flocons de piment

400 g (2 tasses) de haricots noirs en conserve, rincés et égouttés

Sel et poivre noir du moulin

MÉTHODE

1 Dans une casserole moyenne munie d'un couvercle ajusté, bien mélanger le riz, le lait de coco, l'eau, le piment de la Jamaïque, le thym, l'origan et les flocons de piment. Laisser reposer pendant 30 minutes.

2 Ajouter les haricots noirs, remuer et mettre à feu moyen à découvert. Porter à ébullition, couvrir hermétiquement et laisser bouillir pendant exactement 1 minute. Éteindre le feu et laisser la casserole en place pendant 13 minutes sans remuer le contenu.

3 Lorsque la cuisson est terminée, retirer le couvercle et séparer les grains de riz à l'aide d'une fourchette. Assaisonner au goût.

Riz au curcuma et à la citronnelle

À l'étape 1, remplacer les fines herbes et les épices par 1 c. à thé (à café) de curcuma moulu, 2 tiges de citronnelle coupées en deux sur la longueur puis écrasées avec le plat d'un couteau, 8 feuilles de lime kaffir et 1 c. à soupe de gingembre frais râpé. Lorsque la cuisson est terminée, retirer la citronnelle et incorporer une poignée de coriandre hachée grossièrement.

Pour faire changement

On peut remplacer l'aiglefin
fumé par la même quantité
de thon en conserve, de saumon
fumé ou de crabe.

4 PORTIONS

PRÉPARATION 30 minutes + 1 heure de réfrigération

CUISSON 15 à 20 minutes

Les fricadelles de poisson aux haricots se préparent en un rien de temps, et leur valeur nutritive est supérieure à celle des fricadelles de poisson contenant des pommes de terre. N'hésitez pas à doubler la recette : elle se congèle bien.

Fricadelles d'aiglefin fumé aux haricots

INGRÉDIENTS

300 g (10 oz) de filets d'aiglefin fumé

250 ml (1 tasse) de lait (ou juste assez pour couvrir le poisson)

800 g (4 tasses) de haricots blancs ou de haricots de Lima en conserve, rincés et égouttés

2 oignons verts, hachés finement

1 c. à soupe de persil, haché

1 pincée de muscade moulue

Le zeste de ½ citron

Sel et poivre noir du moulin

1 œuf, battu légèrement

2 c. à soupe de chapelure

2 c. à soupe d'huile végétale

MÉTHODE

1 Dans une poêle profonde, couvrir les filets de poisson de lait. Mettre le couvercle et cuire à feu moyen pendant 5 minutes. Retirer du feu et laisser reposer pendant 3 minutes. Laisser refroidir le poisson dans une assiette et réserver le liquide de cuisson séparément. Effeuiller la chair et retirer toutes les arêtes avec soin.

2 Dans un grand bol, à l'aide du pied-mélangeur (mixeur-plongeur), réduire les haricots en purée avec les oignons verts, le persil, la muscade et le zeste de citron. Assaisonner au goût. Ajouter le poisson et mélanger sans le réduire complètement en purée. (On peut aussi faire cette étape au robot culinaire et ajouter le poisson à la toute fin à l'aide d'une cuillère.) Ajouter un peu du liquide de cuisson réservé pour assouplir la préparation et bien combiner les ingrédients.

3 Sur un plan de travail fariné, diviser la préparation en 8 boules de même grosseur, puis les aplatir à l'aide d'une fourchette. Tremper les fricadelles dans l'œuf battu, puis les enrober uniformément de chapelure. Réfrigérer pendant au moins 1 heure.

4 Dans une grande poêle, chauffer l'huile végétale et cuire les fricadelles de 5 à 7 minutes de chaque côté ou jusqu'à ce qu'elles soient dorées et croustillantes.

Fricadelles d'aiglefin fumé aux haricots et au fromage à la crème

Séparer chacune des 8 boules en deux fricadelles de 6 cm (2 ¼ po) de diamètre. Placer 1 ½ c. à thé (à café) de fromage à la crème à l'ail ou aux fines herbes au centre d'une fricadelle, puis la couvrir avec une autre fricadelle. Presser le bord pour bien sceller le fromage et poursuivre la recette en trempant les fricadelles ainsi obtenues dans l'œuf battu.

4 PORTIONS

PRÉPARATION 10 minutes

CUISSON 20 à 25 minutes

Ce cari de pois chiches est idéal les soirs où vous êtes trop pressé pour passer beaucoup de temps en cuisine. Pour faire un repas sans gluten, servez-le sur du riz brun plutôt que sur des nouilles aux œufs.

Cari de pois chiches au chou frisé

Plat sans gluten ; utiliser de la pâte de cari végétalienne

INGRÉDIENTS

2 c. à soupe d'huile végétale

6 échalotes, hachées

2 gousses d'ail, hachées finement

410 ml (1 ²/₃ tasse) de lait de coco

250 ml (1 tasse) d'eau

2 à 3 c. à soupe de pâte de cari rouge (ou au goût)

2 c. à soupe de sauce soja pauvre en sel

1 c. à thé (à café) de sucre ou de cassonade

800 g (4 tasses) de pois chiches en conserve, rincés et égouttés

250 g (2 ½ tasses) de chou vert frisé, déchiqueté grossièrement (ou autre légume-feuille vert foncé)

1 bouquet de coriandre, hachée finement

Sel et poivre noir du moulin

MÉTHODE

1 Dans une grande casserole, à feu moyen, chauffer l'huile végétale et faire revenir les échalotes pendant 5 minutes ou jusqu'à ce qu'elles soient tendres et légèrement colorées. Ajouter l'ail et faire revenir pendant 1 minute. Verser le lait de coco et l'eau, puis bien mélanger.

2 Ajouter la pâte de cari, la sauce soja, le sucre et les pois chiches. Porter à ébullition, couvrir et laisser mijoter pendant 10 minutes.

3 Ajouter le chou et bien remuer. Couvrir et cuire de 5 à 8 minutes ou jusqu'à ce qu'il soit tendre mais encore un peu croquant.

4 Incorporer la coriandre et assaisonner au goût.

SUGGESTION POUR LE SERVICE : dresser le cari de pois chiches sur un lit de nouilles aux œufs ou de riz.

Cari de pois chiches aux crevettes et aux tomates

Pour obtenir un cari un peu plus doux, faire bouillir une poignée de tomates cerises coupées en deux avec les pois chiches. Ajouter 200 g (7 oz) de crevettes crues en même temps que le chou et poursuivre la cuisson jusqu'à ce qu'elles deviennent roses.

4 PORTIONS

PRÉPARATION 15 minutes

CUISSON 30 minutes

L'ajout de beurre est facultatif dans ce plat santé,
mais il lui apporte une touche moelleuse fort agréable.

Pilaf aux échalotes et aux herbes

Pilaf végétarien ; omettre le beurre pour faire un plat végétalien

INGRÉDIENTS

4 c. à soupe d'huile d'olive

400 g (2 ¼ tasses) d'échalotes, en tranches fines

3 gousses d'ail, broyées

250 g (1 ⅓ tasse) de riz basmati

500 ml (2 tasses) de bouillon de légumes, chaud

200 g (1 tasse) d'edamames frais ou surgelés, écossés

200 g (1 tasse) de petites gourganes (fèves des marais) fraîches ou surgelées

200 g (1 tasse) de haricots verts, en petits morceaux

1 petit bouquet de persil plat, haché

1 petit bouquet d'aneth, haché

1 petit bouquet de ciboulette, hachée

2 c. à soupe de beurre

Sel et poivre noir du moulin

MÉTHODE

1 Dans une grande casserole profonde, à feu moyen, chauffer l'huile d'olive et faire revenir les échalotes jusqu'à ce qu'elles soient croustillantes en évitant de les laisser brûler. À l'aide d'une écumoire, les déposer dans une assiette tapissée de papier absorbant et laisser égoutter.

2 Dans la même casserole, faire revenir l'ail pendant quelques secondes, jusqu'à ce qu'il dégage tout son arôme. Ajouter le riz et bien mélanger. Verser le bouillon, remuer et porter à ébullition. Couvrir et laisser mijoter à feu très doux pendant 15 minutes.

3 Entre-temps, blanchir les edamames, les gourganes et les haricots verts dans une casserole d'eau bouillante. Laisser mijoter de 4 à 5 minutes, égoutter et réserver.

4 Remuer le riz s'il a légèrement collé au fond de la casserole. Ajouter les edamames, les gourganes, les haricots verts, les échalotes réservées et les fines herbes. Incorporer le beurre et assaisonner au goût. Servir aussitôt.

SUGGESTION POUR LE SERVICE : ce plat est sublime pour accompagner le saumon grillé, avec des quartiers de citron.

Pilaf protéiné

Pour faire un plat principal plus protéiné, remplacer les edamames, les gourganes ou les haricots verts par 400 g (2 tasses) de haricots de Lima ou de haricots blancs en conserve, rincés et égouttés. Ajouter un peu de persil haché ou d'assaisonnement au chili.

4 PORTIONS

PRÉPARATION 10 minutes

CUISSON 45 minutes

Servi avec une touche de pesto et des biscottes aux fines herbes, ce potage fait une bonne entrée ou un plat principal léger.

Potage de haricots blancs aux noix et au pesto

Potage sans gluten ; omettre le beurre pour une variante végétalienne

POTAGE

1 c. à soupe d'huile d'olive

3 c. à soupe de beurre non salé

2 oignons, hachés

4 gousses d'ail, broyées

800 g (4 tasses) de haricots blancs en conserve, rincés et égouttés

1 litre (4 tasses) de bouillon de légumes

Sel et poivre noir du moulin

PESTO À L'ESTRAGON

1 bouquet d'estragon (feuilles et tiges), haché grossièrement

1 gousse d'ail, hachée

65 g (½ tasse) de noix, hachées

60 ml (¼ de tasse) d'huile d'olive extra vierge

1 à 2 c. à soupe de vinaigre de vin blanc

Sel et poivre noir du moulin

MÉTHODE

1 Potage : dans une casserole, à feu doux, chauffer l'huile d'olive et le beurre. Faire suer les oignons sans coloration jusqu'à ce qu'ils soient très tendres. (Il est recommandé de faire cette étape pendant au moins 30 minutes pour obtenir un potage extrêmement doux.)

2 Ajouter l'ail et faire revenir pendant 2 minutes. Ajouter les haricots blancs et le bouillon. Laisser mijoter pendant 5 minutes, puis réduire en purée lisse à l'aide du pied-mélangeur (mixeur-plongeur) ou du mélangeur. Assaisonner au goût.

3 Pesto à l'estragon : au robot culinaire, réduire tous les ingrédients en purée lisse. Saler et poivrer au goût.

SUGGESTION POUR LE SERVICE : mettre un peu de pesto à l'estragon dans chaque bol et servir avec des gressins qu'on trempera dans le potage.

Potage de haricots au pesto de tomates séchées

Remplacer 400 g (2 tasses) de haricots blancs par la même quantité de haricots coco en conserve. Au robot culinaire, faire un pesto aux tomates séchées avec 100 g (1 tasse) de tomates séchées, égouttées et hachées grossièrement (réserver l'huile), 1 gousse d'ail hachée, 65 g (½ tasse) d'amandes, 60 ml (¼ de tasse) d'huile d'olive extra vierge (ou l'huile réservée des tomates), 1 à 2 c. à soupe de vinaigre de vin blanc, du sel et du poivre.

Lundis sans viande

Pour un repas du midi réconfortant, servez ce plat à la température ambiante avec une cuillerée de hoummos ou de yogourt grec nature mélangé avec un peu d'ail broyé.

4 PORTIONS

PRÉPARATION 30 minutes

CUISSON 30 à 35 minutes

Ce plat végétarien aux oignons caramélisés offre une véritable explosion de saveurs.

Riz et lentilles au fromage halloumi

INGRÉDIENTS

250 g (1 1/3 tasse) de lentilles vertes sèches

180 ml (3/4 de tasse) d'huile végétale (pour la friture)

3 gros oignons, en tranches fines

2 c. à soupe de graines de coriandre

1 c. à soupe de graines de cumin

250 g (1 1/3 tasse) de riz basmati

1 c. à thé (à café) de curcuma moulu

1 c. à thé (à café) de piment de la Jamaïque moulu

1 c. à thé (à café) de cannelle moulue

1 c. à thé (à café) de flocons de piment (facultatif)

410 ml (1 2/3 tasse) de bouillon de légumes

Sel et poivre noir du moulin

500 g (1 lb) de fromage halloumi, en tranches de 5 mm (1/4 de po)

Un peu d'huile d'olive

1 petit bouquet de coriandre, hachée

MÉTHODE

1 Dans une casserole, couvrir les lentilles d'eau froide et porter à ébullition. Baisser le feu et laisser mijoter de 10 à 12 minutes ou jusqu'à ce qu'elles soient tendres mais encore un peu croquantes. Égoutter et réserver.

2 Entre-temps, dans une grande poêle profonde, chauffer l'huile végétale jusqu'à ce qu'elle atteigne le point de fumée. Ajouter une tranche d'oignon ; si l'huile grésille instantanément, c'est qu'elle est assez chaude. Ajouter le reste des oignons (procéder par étapes si la poêle n'est pas assez grande) et cuire de 5 à 7 minutes, en remuant de temps à autre, jusqu'à ce qu'ils soient dorés et croustillants. À l'aide d'une écumoire, mettre les oignons dans un bol tapissé de papier absorbant et laisser égoutter.

3 Lorsque tous les oignons sont cuits, jeter l'huile accumulée dans la poêle, sauf 1 c. à soupe. Faire revenir les graines de coriandre et de cumin pendant 1 à 2 minutes. Ajouter le riz et les lentilles réservées, puis bien mélanger. Ajouter les épices. Verser le bouillon, assaisonner au goût et porter à ébullition. Baisser le feu, couvrir et laisser mijoter à feu doux pendant 12 minutes. Éteindre le feu et laisser la poêle en place pendant 10 minutes sans remuer le contenu.

4 Entre-temps, chauffer une poêle à fond cannelé jusqu'à ce qu'elle atteigne le point de fumée. Badigeonner le fromage d'huile d'olive et faire griller de chaque côté jusqu'à ce qu'il devienne croustillant.

5 Incorporer la coriandre et la moitié des oignons, puis mélanger avec la préparation de riz. Garnir avec le reste des oignons et couvrir de halloumi.

Riz et lentilles avec agneau épicé

Dans une poêle, à feu vif, faire revenir 200 g (7 oz) d'agneau ou de bœuf haché en défaisant la viande à l'aide d'une cuillère dès le début de la cuisson. Ajouter 1 c. à thé (à café) de graines de cumin, 1/2 c. à thé (à café) de cannelle moulue et 1/2 c. à thé (à café) de flocons de piment. Poursuivre la cuisson jusqu'à ce que la viande soit dorée. Saler légèrement et servir aussitôt sur un lit de riz et de lentilles.

4 PORTIONS

PRÉPARATION 10 minutes

CUISSON 45 minutes

Ce chili accompagne les tacos et les fajitas. Rehaussez-le de guacamole, de salsa, de fromage râpé et de crème sure.

Chili aux haricots rouges

Servi nature, ce chili est végétalien

INGRÉDIENTS

3 c. à soupe d'huile végétale

1 gros oignon, haché

4 gousses d'ail, hachées finement

2 piments rouges, épépinés et hachés

½ c. à thé (à café d'assaisonnement au chili (facultatif)

1 c. à thé (à café) de cumin moulu

1 c. à thé (à café) de coriandre moulue

1 c. à thé (à café) de paprika

3 poivrons de couleurs différentes, en cubes de 1 cm (½ po)

800 g (4 tasses) de haricots rouges en conserve, rincés et égouttés

400 g (2 tasses) de tomates hachées en conserve

1 c. à thé (à café) de cassonade ou de sucre roux

Sel et poivre noir du moulin

MÉTHODE

1 Dans une grande casserole, à feu moyen-vif, chauffer l'huile végétale et faire revenir les oignons pendant 15 minutes ou jusqu'à ce qu'ils soient légèrement caramélisés en prenant soin de ne pas les laisser brûler.

2 Ajouter l'ail, les piments et les épices. Remuer pendant 1 minute, puis ajouter les poivrons. Bien mélanger pour les enrober uniformément d'épices.

3 Ajouter les haricots rouges, les tomates et la cassonade. Porter à ébullition et laisser mijoter à découvert pendant 20 minutes ou jusqu'à épaississement. Assaisonner au goût et ajouter un peu de cassonade au besoin.

SUGGESTION POUR LE SERVICE : saupoudrer de fromage râpé et garnir de coriandre hachée. Servir avec des nachos.

Chili au bœuf

Ajouter 400 g (14 oz) de bœuf haché aux oignons (bien cuire la viande avant d'ajouter les autres ingrédients) ou 300 g (10 oz) d'un reste de rôti de bœuf en cubes. N'utiliser qu'un seul poivron. Cuire au moins 20 minutes de plus afin que la viande soit très tendre. Pour obtenir un goût plus riche, à l'étape 3, ajouter de 30 à 60 g (1 à 2 oz) de chocolat 70 % de cacao semi-sucré juste avant de faire mijoter les ingrédients.

4 PORTIONS

PRÉPARATION 10 minutes

CUISSON 55 minutes

Ces croquettes sont fantastiques avec une salade ou servies dans un petit pain ciabatta. Elles sont encore meilleures cuites au barbecue.

Croquettes aux haricots de Lima

RELISH AUX CAROTTES

1 grosse carotte, râpée

125 ml (½ tasse) de jus d'orange

1 à 3 piments rouges, hachés (ou au goût)

2 gousses d'ail, broyées

55 g (⅓ de tasse) de maïs

1 tomate mûre, hachée

2 c. à soupe de cassonade ou de sucre roux

1 c. à soupe de vinaigre de vin blanc ou de vinaigre de cidre

2 c. à soupe de coriandre, hachée

Sel et poivre noir du moulin

CROQUETTES

1 chou-fleur moyen, haché en petits fleurons

3 c. à soupe d'huile d'olive

2 c. à soupe d'assaisonnement pour barbecue

2 gousses d'ail, en tranches fines

400 g (2 tasses) de haricots de Lima en conserve, rincés et égouttés

Le jus de ½ citron (ou au goût)

1 petit bouquet de coriandre, haché finement

Sel et poivre noir du moulin

30 g (¼ de tasse) de chapelure

2 c. à soupe d'huile végétale

MÉTHODE

1 Préchauffer le four à 200 °C/400 °F/gaz 6. Relish : dans une casserole, mettre la carotte, le jus d'orange, les piments et l'ail. Porter à ébullition et laisser mijoter jusqu'à ce que la carotte soit très tendre. Ajouter le maïs, la tomate, la cassonade et le vinaigre. Bien mélanger et laisser refroidir avant d'ajouter la coriandre. Saler et poivrer au goût.

2 Croquettes : mettre le chou-fleur dans une plaque à rôtir avec la moitié de l'huile d'olive, les épices, l'assaisonnement pour barbecue et l'ail. Mélanger et cuire au four pendant 30 minutes en remuant à mi-cuisson.

3 À l'aide du pied-mélangeur (mixeur-plongeur) ou du robot culinaire, mélanger les haricots de Lima, le jus de citron et la moitié du chou-fleur rôti jusqu'à consistance plutôt lisse. Ajouter le reste du chou-fleur et la coriandre, puis bien mélanger. Assaisonner au goût et ajouter du jus de citron au besoin.

4 Façonner 4 croquettes de même grosseur. Arroser avec le reste de l'huile d'olive. Étaler la chapelure dans une assiette et y presser les croquettes pour bien les enrober. Chauffer l'huile végétale dans une grande poêle et cuire les croquettes 5 minutes de chaque côté ou jusqu'à ce qu'elles soient dorées et croustillantes.

Croquettes à la courge et aux haricots rouges

Remplacer les haricots de Lima par des haricots rouges en conserve. Remplacer l'assaisonnement pour barbecue par de l'assaisonnement à la mexicaine mélangé avec 1 piment rouge et 2 oignons verts hachés. Remplacer le chou-fleur par de la courge : mélanger 300 g (2 tasses) de courge pelée en cubes avec un peu d'huile d'olive. Cuire dans un four chaud de 30 à 40 minutes ou jusqu'à ce qu'elle soit tendre. Mélanger avec les haricots et former des croquettes.

4 PORTIONS

PRÉPARATION 20 minutes + marinade

CUISSON 1 heure 20 minutes

Relevez le goût de ce plat en le garnissant de coriandre hachée. Servez-le accompagné de quartiers de lime (citron vert).

Casserole de haricots rouges et poulet épicé

INGRÉDIENTS

2 c. à thé (à café) de piment de la Jamaïque moulu

2 c. à thé (à café) de cannelle moulue

2 c. à thé (à café) de paprika doux

2 c. à thé (à café) de thym frais ou séché

2 c. à soupe de cassonade foncée ou de sucre roux

1 c. à thé (à café) de sel

1 kg (2 lb) de cuisses et de pilons de poulet avec la peau

2 c. à soupe d'huile végétale

2 gros oignons, en tranches fines

4 gousses d'ail, hachées

1 piment rouge fort, haché

1 poivron rouge, en morceaux de 2,5 cm (1 po)

2 patates douces moyennes, pelées et coupées en cubes de 2,5 cm (1 po)

1 c. à soupe de pâte de tomates

400 g (2 tasses) de haricots rouges en conserve, rincés et égouttés

6 oignons verts (parties blanche et verte)

Sel et poivre noir du moulin

MÉTHODE

1 Mélanger les épices, la cassonade et le sel dans un bol et en saupoudrer la moitié sur les morceaux de poulet. Arroser avec la moitié de l'huile végétale et frotter la volaille pour bien faire pénétrer les épices. Laisser mariner au réfrigérateur de 10 à 20 minutes (ou jusqu'à 24 heures).

2 Dans une grande poêle, chauffer le reste de l'huile. Cuire le poulet à feu vif de 5 à 10 minutes de chaque côté ou jusqu'à ce qu'il soit bien doré sur toutes les faces. Mettre le poulet dans une cocotte et préchauffer le four à 200 °C/400 °F/gaz 6.

3 Dans la même poêle, faire revenir les oignons sans coloration environ 10 minutes. Ajouter l'ail, le piment et le reste du mélange d'épices, puis faire sauter à feu vif pendant 2 minutes. Ajouter le poivron, les patates douces et la pâte de tomates. Cuire pendant 5 minutes, puis ajouter les haricots rouges et les oignons verts en mélangeant.

4 Mettre les légumes dans la cocotte, ajouter 310 ml (1 ¼ tasse) d'eau et bien mélanger. Couvrir et cuire au four pendant 1 heure. Ajouter un peu de sel et de poivre au besoin.

Casserole végétarienne de haricots rouges au fromage halloumi

Omettre le poulet et préparer les légumes et les haricots comme indiqué dans la recette principale. La cuisson au four ne prendra que 30 minutes. Avant de servir, chauffer une poêle à fond cannelé, ajouter un peu d'huile et cuire 2 tranches de fromage halloumi par personne. Lorsque le fromage est croustillant des deux côtés, le couper en cubes et le disperser sur les haricots et les légumes.

4 PORTIONS

PRÉPARATION 15 minutes

CUISSON 50 minutes

Servez ces lentilles épicées avec du bon pain nan pour composer un repas santé des plus réconfortants.

Lentilles vertes et épinards épicés

Servies nature, ces lentilles sont sans gluten

INGRÉDIENTS

2 c. à soupe d'huile végétale

2 gros oignons rouges ou blancs, hachés

1 c. à soupe de graines de cumin

1 c. à soupe de quatre-épices

1 c. à soupe de coriandre moulue

1 c. à thé (à café) de flocons de piment

1 c. à thé (à café) de curcuma moulu

1/2 c. à thé (à café) de cannelle moulue

3 gousses d'ail, hachées finement

1 morceau de gingembre de 5 cm (2 po), pelé et râpé

200 g (1 tasse) de lentilles vertes sèches

1 litre (4 tasses) de bouillon de légumes

400 g (9 tasses) d'épinards frais, lavés et essorés

Sel et poivre noir du moulin

YOGOURT À LA CORIANDRE

4 à 6 c. à soupe de yogourt nature entier ou écrémé

1 petit bouquet de coriandre, hachée finement

Sel et poivre noir du moulin

MÉTHODE

1 Dans une grande casserole munie d'un couvercle bien ajusté, à feu doux, chauffer l'huile végétale et faire suer les oignons pendant 15 minutes ou jusqu'à ce qu'ils soient tendres et légèrement caramélisés. Ajouter les épices sèches, l'ail et le gingembre. Faire revenir pendant 1 à 2 minutes, jusqu'à ce qu'ils dégagent tous leurs arômes.

2 Ajouter les lentilles et le bouillon. Porter à ébullition, baisser le feu et cuire à découvert de 25 à 30 minutes ou jusqu'à ce que les lentilles soient tendres sans se défaire en purée. Ajouter un peu d'eau vers la fin de la cuisson si elles sont trop sèches.

3 Couvrir les lentilles avec les épinards. (Ajouter les épinards en deux fois si la poêle n'est pas assez grande.) Mettre le couvercle et cuire pendant 3 minutes. Mélanger délicatement et assaisonner au goût.

4 Yogourt à la coriandre: dans un petit bol, mélanger le yogourt et la coriandre. Saler et poivrer au goût.

Lentilles rouges et concombre au yogourt

Remplacer les lentilles vertes par des lentilles rouges et réduire le temps de cuisson de 5 minutes. Remplacer le yogourt à la coriandre par du concombre au yogourt. Râper le tiers d'un gros concombre, mélanger avec le yogourt et quelques feuilles de menthe fraîche hachées.

4 à 8 PORTIONS

PRÉPARATION 5 minutes + trempage

CUISSON 2 heures 20 minutes à 2 heures 50 minutes

Ce plat est incomparable lorsqu'on le prépare avec des haricots secs cuits lentement au four. Pour gagner du temps, vous pouvez toutefois cuire des petits haricots blancs en conserve de 10 à 20 minutes sur la cuisinière.

Haricots au four

Servi nature, ce plat est végétalien et sans gluten

INGRÉDIENTS

200 g (2 tasses) de petits ou gros haricots blancs secs, trempés toute la nuit

2 feuilles de laurier

1 petit oignon, coupé en deux

1 gousse d'ail entière, pelée

2 c. à soupe d'huile végétale

1 oignon moyen, haché très finement

1 tige de céleri, hachée très finement

1 gousse d'ail, hachée finement

1 c. à soupe de pâte de tomates

400 g (2 tasses) de tomates hachées en conserve

60 ml (¼ de tasse) d'eau

2 c. à soupe de cassonade foncée ou de sucre roux

1 c. à soupe de vinaigre de vin rouge

Sel et poivre noir du moulin

MÉTHODE

1 Égoutter les haricots trempés et les mettre dans une grande casserole avec le laurier, l'oignon coupé en deux et l'ail. Couvrir d'eau froide et porter à ébullition. Laisser mijoter de 1 heure à 1 heure 30 minutes ou jusqu'à ce que les haricots soient tendres. Égoutter et jeter le laurier, l'oignon et l'ail.

2 Préchauffer le four à 160 °C/325 °F/gaz 3. Dans une grande cocotte, chauffer l'huile végétale et cuire l'oignon haché et le céleri pendant 10 minutes ou jusqu'à ce qu'ils soient tendres. Ajouter l'ail et la pâte de tomates et cuire pendant quelques minutes.

3 Ajouter les tomates, l'eau, la cassonade et le vinaigre. Poivrer au goût et laisser mijoter pendant 10 minutes.

4 Ajouter les haricots égouttés et remuer. Couvrir et cuire au four pendant 1 heure. À mi-cuisson, remuer et ajouter un peu d'eau si les haricots sont trop secs. Au besoin, ajouter de la cassonade, du vinaigre, du sel et du poivre au goût.

Haricots au four au flanc de porc

Cuire 350 g (12 oz) de flanc de porc ou de bacon en cubes avec l'oignon et le céleri. Ajouter 2 c. à soupe de mélasse et 1 c. à thé (à café) de poudre de moutarde avec l'ail et la pâte de tomates. À l'étape 4, la cuisson au four durera de 2 à 3 heures. Remuer régulièrement et ajouter de l'eau si les haricots sont trop secs.

RECETTES FESTIVES

Ce chapitre présente des recettes qui impressionneront vos invités lors des repas familiaux et des célébrations. Si vous organisez une fête, consultez le chapitre 4 pour découvrir des purées et des hors-d'œuvre très alléchants.

*Variante
végétalienne*

Pour faire un plat
sans produits laitiers,
remplacez le beurre
par 1 c. à soupe
d'huile d'olive.

4 PORTIONS en entrée
PRÉPARATION 5 minutes
CUISSON 25 minutes

La garniture aux haricots est irrésistible sur de la ciabatta grillée. Une belle idée pour les occasions spéciales !

Bruschettas aux haricots

INGRÉDIENTS

1 oignon rouge, haché finement

1 c. à soupe d'huile d'olive

5 c. à thé (à café) de beurre

1 gousse d'ail, hachée finement

400 g (2 tasses) de haricots blancs ou de haricots de Lima en conserve, rincés et égouttés

Le zeste de 1 citron, râpé finement

30 g (1 oz) d'anchois en conserve, égouttés et hachés

1 c. à soupe de persil plat, haché

Sel et poivre noir du moulin

1 pain ciabatta, coupé en tranches et grillé

MÉTHODE

1 Dans une casserole moyenne, faire suer l'oignon dans l'huile d'olive et le beurre pendant 15 minutes ou jusqu'à ce qu'il soit tendre et légèrement caramélisé. Ajouter l'ail et faire revenir pendant 1 minute en prenant soin de ne pas le laisser brûler.

2 Ajouter les haricots, le zeste de citron et les anchois, puis cuire à feu doux pendant 5 minutes. À l'aide d'un pilon, écraser les haricots en purée grossière.

3 Incorporer le persil et assaisonner au goût. (Attention, les anchois sont déjà salés.) Servir chaud sur le pain grillé.

SUGGESTION POUR LE SERVICE : arroser les bruschettas d'huile d'olive juste avant de servir.

Haricots et tomates séchées au romarin

Pour faire une variante végétarienne exquise, ajouter 1 c. à soupe de feuilles de romarin hachées finement dans la casserole pendant que l'on fait suer l'oignon. À l'étape 2, omettre le citron et les anchois et ajouter 3 c. à soupe de tomates séchées hachées en même temps que les haricots.

4 PORTIONS en entrée, 2 en plat principal

PRÉPARATION 10 minutes

CUISSON 30 minutes

Cette salade chaude est superbement rehaussée par les saveurs ensoleillées de l'huile d'olive et de l'origan.

Haricots de Lima au fenouil rôti

INGRÉDIENTS

2 bulbes de fenouil

2 c. à soupe d'huile d'olive

1 pincée de flocons de piment

Sel et poivre noir du moulin

400 g (2 tasses) de haricots de Lima en conserve, rincés et égouttés

200 g (1 ¼ tasse) de féta, émiettée grossièrement

VINAIGRETTE

2 c. à soupe d'huile d'olive extra vierge

Le jus de ½ à 1 citron (ou au goût)

1 c. à thé (à café) de miel

1 c. à thé (à café) de moutarde de Dijon

1 c. à thé (à café) d'origan séché ou 2 c. à thé (à café) d'origan frais

Sel et poivre noir du moulin

MÉTHODE

1 Préchauffer le four à 180 °C/350 °F/gaz 4. Couper chaque bulbe de fenouil sur la longueur en 8 quartiers. Dans une plaque à rôtir, mélanger le fenouil et l'huile d'olive. Saupoudrer de flocons de piment et assaisonner légèrement. Couvrir de papier d'aluminium et cuire au four pendant 20 minutes. Retirer le papier et poursuivre la cuisson pendant 10 minutes ou jusqu'à ce que le fenouil soit complètement cuit et légèrement doré.

2 Mélanger les haricots de Lima avec le fenouil pendant qu'il est encore chaud et réserver.

3 Vinaigrette : dans un petit bol, à l'aide d'un fouet, mélanger l'huile d'olive et le jus de ½ citron. Ajouter le miel, la moutarde et l'origan, puis mélanger jusqu'à consistance épaisse et crémeuse. Saler et poivrer au goût et ajouter un peu de jus de citron au besoin.

4 Disposer le fenouil et les haricots de Lima dans des assiettes individuelles et garnir de féta. Arroser avec un peu de vinaigrette et garnir de frondes de fenouil. Servir chaud.

Haricots de Lima et poivrons grillés au vinaigre balsamique

Remplacer le fenouil par 3 poivrons rouges en lanières. Mélanger avec l'huile d'olive et 2 c. à soupe de vinaigre balsamique. À l'étape 1, les faire rôtir au four à découvert pendant 20 minutes, puis poursuivre la recette à l'étape 2. Remplacer l'origan par du thym ou de la marjolaine dans la vinaigrette.

Raviolis chinois croustillants

Préparer les raviolis en suivant les indications de la page suivante, mais au lieu de les cuire dans une casserole, les faire revenir dans 1 à 2 c. à soupe d'huile de sésame dans un wok ou une grande poêle pendant 5 minutes ou jusqu'à ce qu'ils soient croustillants de chaque côté. Au moment de servir, ajouter un peu d'eau pour que la pâte cuise à la vapeur. Servir avec un bol de sauce.

4 PORTIONS

PRÉPARATION 30 minutes

CUISSON 10 minutes

Cette soupe est composée de raviolis chinois faits à la main servis dans un bouillon léger. Cette entrée originale sert facilement 4 personnes.

Soupe aux raviolis chinois

RAVIOLIS CHINOIS

1 c. à soupe de haricots noirs fermentés ou 4 c. à soupe de sauce aux haricots noirs

150 g (5 oz) de crevettes, cuites et décortiquées

30 g (¹/₃ de tasse) de chou, en lanières

3 oignons verts, hachés

¹/₂ poivron rouge, râpé ou haché finement

1 morceau de gingembre de 3 cm (1 ¹/₄ po)

1 c. à thé (à café) d'huile de sésame

¹/₂ c. à thé (à café) + 1 c. à soupe de fécule de maïs (et un peu plus pour saupoudrer)

1 c. à thé (à café) de sauce soja

16 pâtes à raviolis chinois

BOUILLON

1 litre (4 tasses) de bouillon de qualité (poulet, légumes ou fumet de poisson)

4 oignons verts

1 morceau de gingembre de 3 cm (1 ¹/₄ po), pelé et coupé en julienne

1 c. à soupe de sauce soja (ou au goût)

Le jus de ¹/₂ citron

Un peu de coriandre, hachée

MÉTHODE

1 Raviolis chinois : au robot culinaire, hacher rapidement les haricots noirs, les crevettes, le chou, les oignons verts, le poivron et le gingembre. (On peut aussi faire cette étape au couteau ; le plus important est d'éviter de réduire le tout en purée.) Ajouter l'huile de sésame, ¹/₂ c. à thé (à café) de fécule de maïs et la sauce soja. Mélanger jusqu'à ce que la préparation commence à former une boule, puis la diviser en 16 boules de la grosseur d'une noix.

2 Dans un bol, diluer 1 c. à soupe de fécule de maïs dans 2 c. à soupe d'eau. Étaler une pâte à ravioli chinois sur un plan de travail propre et badigeonner généreusement le tout de fécule diluée. Mettre une boule de garniture au centre et rassembler les bouts pour former une demi-lune ou un triangle selon la forme de la pâte. Presser les bords pour bien sceller. Tremper une des extrémités du ravioli dans la fécule diluée et la pincer contre l'extrémité opposée. Faire les autres raviolis avec le reste de la pâte et de la garniture, puis les ranger dans une assiette légèrement saupoudrée de fécule de maïs pour les empêcher de devenir collants.

3 Bouillon : dans une grande casserole, chauffer tous les ingrédients, sauf la coriandre. Ajouter plus de sauce soja, de jus de citron ou de gingembre au besoin. Ajouter les raviolis et laisser mijoter pendant 3 minutes ; ils remonteront à la surface aussitôt qu'ils seront cuits. Servir 4 raviolis par bol et garnir de coriandre.

La harissa

La harissa est une purée épaisse très épicée à base de piments séchés. Ajoutez-en une petite quantité à la fois, car certaines marques sont plus piquantes que d'autres.

4 PORTIONS

PRÉPARATION 15 minutes

CUISSON 1 h 50

Ce ragoût épicé gagne à être servi sur un lit de couscous cuit à la vapeur qui absorbera magnifiquement la sauce.

Ragoût d'agneau et de pois chiches

Servi nature, ce ragoût est sans gluten

INGRÉDIENTS

2 c. à soupe d'huile d'olive

600 g (1 lb 5 oz) d'agneau à ragoût, en petits dés

2 oignons, hachés

3 gousses d'ail, broyées

2 c. à thé (à café) de graines de cumin

1 c. à thé (à café) de paprika

1 c. à thé (à café) de gingembre moulu

1 c. à thé (à café) de cannelle moulue

800 g (4 tasses) de pois chiches en conserve, rincés et égouttés

400 g (2 tasses) de tomates hachées en conserve

410 ml (1 ²/₃ tasse) de bouillon de légumes

Sel et poivre noir du moulin

1 à 3 c. à soupe de harissa (ou au goût)

1 petit bouquet de coriandre, hachée

MÉTHODE

1 Dans une grande casserole à fond épais, chauffer l'huile d'olive jusqu'à ce qu'elle atteigne le point de fumée. Saisir les dés d'agneau pendant 5 minutes ou jusqu'à ce qu'ils soient dorés. (Procéder par étape si la casserole n'est pas assez grande. Le fait de cuire trop de viande en même temps abaisse la température et crée de la vapeur, l'empêchant ainsi de griller convenablement.)

2 Lorsque toute la viande est dorée, baisser le feu au minimum et ajouter les oignons. Cuire environ 10 minutes ou jusqu'à ce qu'ils commencent à devenir tendres et à se caraméliser. Ajouter l'ail et les épices, puis remuer pendant 1 minute. Ajouter les pois chiches et les tomates.

3 Verser le bouillon et porter à ébullition. Assaisonner légèrement, couvrir et laisser mijoter pendant 1 heure.

4 Incorporer la harissa et laisser mijoter à découvert pendant 30 minutes ou jusqu'à ce que la viande soit tendre et que la sauce épaississe. Rectifier l'assaisonnement au besoin et garnir de coriandre avant de servir.

Ragoût de courge Butternut

Variante végétarienne : remplacer l'agneau par une courge Butternut moyenne coupée en petits cubes. Chauffer l'huile d'olive dans une poêle et cuire la courge à feu vif pendant 10 minutes ou jusqu'à ce que les bords commencent à prendre couleur. Poursuivre la recette en réduisant toutefois le temps de cuisson total à 1 heure, soit 30 minutes à couvert et 30 minutes à découvert.

4 PORTIONS

PRÉPARATION 10 minutes + 30 minutes
de trempage

CUISSON 20 minutes

Ce superbe ragoût relevé d'ail et de vin blanc offre des parfums enivrants. Utilisez vos champignons préférés pour personnaliser la recette.

Ragoût de haricots pinto et champignons

Si servi avec du fromage sans présure

INGRÉDIENTS

250 ml (1 tasse) d'eau bouillante

30 g (1 oz) de bolets séchés

3 c. à soupe de beurre non salé

3 gousses d'ail, en tranches

700 g (9 tasses) de champignons sauvages variés, en tranches

400 g (2 tasses) de haricots pinto en conserve, rincés et égouttés

250 ml (1 tasse) de vin blanc

Sel et poivre noir du moulin

1 gros bouquet de basilic, haché grossièrement

30 g (⅓ de tasse) de parmesan fraîchement râpé

MÉTHODE

1 Mesurer l'eau bouillante dans un bocal résistant à la chaleur. Ajouter les bolets séchés et laisser tremper pendant 30 minutes.

2 Dix minutes avant la fin du trempage, commencer la préparation du ragoût. Dans une grande poêle profonde, chauffer le beurre et faire suer l'ail pendant quelques minutes en prenant soin de ne pas le laisser brûler. Ajouter les champignons sauvages et cuire à feu doux pendant 10 minutes ou jusqu'à ce qu'ils soient tendres. Ajouter les haricots pinto, les bolets et leur eau de trempage filtrée.

3 Verser le vin blanc et assaisonner généreusement. Couvrir partiellement et laisser mijoter environ 10 minutes ou jusqu'à ce que les champignons soient cuits, que les haricots soient tendres et que la sauce soit légèrement réduite.

4 Juste avant de servir, incorporer le basilic et rectifier l'assaisonnement au besoin. Servir dans des bols chauds et saupoudrer de parmesan.

SUGGESTION POUR LE SERVICE : pour faire un repas principal copieux, mélanger le ragoût avec des pâtes cuites. Saupoudrer de parmesan et garnir de basilic haché additionnel.

Ragoût de haricots pinto aux tomates séchées et au jambon de Parme

Mélanger les champignons avec quelques tomates séchées hachées. Ajouter quelques morceaux de jambon de Parme au ragoût avant de servir. Faire griller des cubes de pain ciabatta dans un peu d'huile d'olive et servir chaque portion avec des croûtons. On peut aussi accompagner ce plat de pain à l'ail.

4 PORTIONS

PRÉPARATION 10 minutes + 24 heures
de trempage

CUISSON 10 minutes

Cette purée de morue salée porte le nom de *bacalao* au Portugal et de *baccala* en Espagne et en Italie. La recette que l'on vous offre ici contient des haricots de Lima.

Brandade de morue salée

Servie nature, cette brandade est sans gluten

INGRÉDIENTS

200 g (7 oz) de morue salée

Environ 250 ml (1 tasse) de lait

1 petit oignon, haché grossièrement

½ c. à thé (à café) de grains de poivre noir

2 feuilles de laurier

400 g (2 tasses) de haricots de Lima en conserve, rincés et égouttés

4 c. à soupe d'huile d'olive extra vierge (et un peu plus pour servir)

Le jus de ½ citron (ou au goût)

MÉTHODE

1 Commencer la préparation 24 heures avant le service en submergeant complètement la morue salée dans un grand bol d'eau froide. Laisser tremper au réfrigérateur pendant 24 heures en changeant l'eau deux ou trois fois au cours de cette période.

2 Rincer et égoutter la morue, puis la mettre dans une casserole. Verser juste assez de lait pour la couvrir. Ajouter l'oignon, les grains de poivre et le laurier. Couvrir et porter à ébullition. Laisser mijoter pendant 5 minutes ou jusqu'à ce que le poisson soit complètement cuit. À l'aide d'une écumoire, mettre la morue dans une assiette (réserver l'eau de cuisson). Laisser refroidir pendant quelques minutes avant d'effeuiller la chair et de retirer toutes les arêtes avec soin.

3 À l'aide du pied-mélangeur (mixeur-plongeur) ou du robot culinaire, réduire les haricots de Lima en purée en ajoutant juste assez du liquide de cuisson réservé pour obtenir une texture lisse.

4 Ajouter 4 c. à soupe d'huile d'olive et le jus de citron et bien mélanger. Ajouter le poisson et mélanger de nouveau. (Éviter de trop mélanger, sinon la texture deviendra gluante.) Servir dans une grande assiette et arroser d'huile d'olive. Accompagner de pain grillé bien chaud.

Brandade de maquereau fumé aux haricots pinto

Remplacer la morue salée par du maquereau fumé prêt à manger et les haricots de Lima par des haricots pinto. Ajouter un peu plus d'huile d'olive ou de crème au besoin pour obtenir une texture souple.

Soyez prévoyant

Faites tremper
la morue salée
24 heures avant
l'heure prévue pour
le repas. Vous
éviterez ainsi d'être
pris au dépourvu à
la dernière minute.

4 PORTIONS

PRÉPARATION 15 minutes

CUISSON 30 minutes

Ce ragoût de poisson au safran et au paprika fumé est tellement appétissant que vous aurez envie de servir la casserole directement sur la table. Accompagnez-le d'un bon pain !

Poisson et moules aux haricots

Servi nature, ce ragoût est sans gluten

INGRÉDIENTS

5 c. à soupe d'huile d'olive

4 échalotes moyennes, en tranches

4 gousses d'ail, en tranches

400 g (14 oz) de petites pommes de terre nouvelles, coupées en deux

125 ml (½ tasse) de xérès sec ou de vin blanc sec

1 c. à thé (à café) de paprika fumé

2 brins de thym frais

2 feuilles de laurier

1 grosse pincée de safran, trempé dans 1 c. à soupe d'eau bouillante pendant 10 minutes

500 ml (2 tasses) de fumet de poisson

400 g (2 tasses) de haricots blancs en conserve, rincés et égouttés

400 g (2 tasses) de haricots de Lima en conserve, rincés et égouttés

Sel et poivre noir du moulin

500 g (1 lb) de poisson blanc, en petits morceaux

8 tomates cerises

1 petit bouquet de persil plat, haché

200 g (7 oz) de moules fraîches, brossées et rincées dans plusieurs eaux

1 trait de jus de citron et quartiers de citron

MÉTHODE

1 Dans une grande casserole, à feu moyen, chauffer 4 c. à soupe d'huile d'olive et cuire les échalotes jusqu'à ce qu'elles soient tendres et légèrement colorées. Ajouter l'ail. Remuer pendant 2 minutes, puis ajouter les pommes de terre, le xérès, le paprika, le thym, le laurier, le safran et son eau de trempage. Mélanger pendant 2 à 3 minutes.

2 Verser le fumet de poisson, couvrir et porter à ébullition. Laisser mijoter pendant 10 minutes ou jusqu'à ce que les pommes de terre soient presque cuites. Ajouter les haricots blancs et les haricots de Lima et laisser mijoter de 2 à 3 minutes. Assaisonner au goût.

3 Ajouter le poisson, les tomates et la moitié du persil. Laisser mijoter doucement pendant 3 minutes ou jusqu'à ce que le poisson soit presque cuit. Ajouter les moules, couvrir et cuire pendant 2 minutes ou jusqu'à ce qu'elles soient ouvertes. Jeter toutes celles qui restent fermées.

4 Arroser avec le reste de l'huile d'olive et le jus de citron. Garnir avec le reste du persil et servir avec des quartiers de citron.

Ragoût de haricots au chorizo

Remplacer le poisson par 200 g (1 ⅓ tasse) de chorizo en tranches épaisses et le faire cuire à l'étape 1 en même temps que l'ail. Poursuivre la recette comme indiqué ci-haut. Remplacer le fumet de poisson par du bouillon de poulet.

4 PORTIONS

PRÉPARATION 10 minutes

CUISSON 40 minutes

Cette recette fait une excellente soupe-repas, surtout si on y ajoute un peu de purée d'avocat. Servez-la avec des pointes de tortillas ou de pain plat légèrement grillées au four.

Soupe de maïs et de haricots noirs

Végétarienne/végétalienne si on utilise du bouillon de légumes ; sans gluten servie nature

SOUPE

2 c. à soupe d'huile d'olive

1 oignon, haché

1 tige de céleri, hachée finement

2 gousses d'ail, hachées finement

1 piment rouge, haché finement

1 c. à thé (à café) de cumin moulu

1 c. à thé (à café) de coriandre moulue

1 c. à thé (à café) de flocons de piment

800 g (4 tasses) de haricots noirs en conserve, rincés et égouttés

140 g (3/4 de tasse) de maïs surgelé ou en conserve

625 ml (2 1/2 tasses) de bouillon de légumes ou de bœuf

Le zeste et le jus de 1 lime (citron vert)

2 grosses tomates mûres ou 10 tomates cerises, hachées

Sel et poivre noir du moulin

Un peu de coriandre, hachée

MÉTHODE

1 Soupe : dans une grande casserole, chauffer l'huile d'olive et faire revenir l'oignon et le céleri de 10 à 15 minutes ou jusqu'à ce qu'ils soient tendres et légèrement caramélisés. Ajouter l'ail, le piment et les épices. Faire revenir pendant 5 minutes.

2 Ajouter les haricots noirs, le maïs, le bouillon, le zeste et la moitié du jus de lime. Porter à ébullition et laisser mijoter pendant 15 minutes.

3 Transvider la moitié de la soupe dans un grand bol et réduire en purée lisse à l'aide du pied-mélangeur (mixeur-plongeur). Mélanger avec le reste de la soupe, puis ajouter les tomates. Laisser mijoter pendant 5 minutes.

4 Entre-temps, faire la purée d'avocat. Retirer le noyau et réduire la chair en purée à l'aide d'une fourchette. Ajouter l'ail, le jus de lime et l'huile d'olive, puis assaisonner au goût. Incorporer le tabasco. Goûter la soupe et ajouter du sel, du poivre et du jus de lime au besoin. Servir chaque bol avec une cuillerée de purée d'avocat et un peu de coriandre.

Soupe de maïs et de haricots noirs à la viande

Ajouter un peu de porc effiloché ou un reste de rôti de bœuf haché dans la soupe en même temps que les tomates, poursuivre la cuisson comme indiqué ci-haut. Garnir chaque bol de chips de tortillas et de fromage râpé. Placer les bols sous le gril jusqu'à ce que le fromage soit fondu, garnir de purée d'avocat et de coriandre. Servir avec un bol de crème sure.

PURÉE D'AVOCAT

1 avocat mûr

1 gousse d'ail, hachée finement

Le jus de ½ lime (citron vert)

1 c. à soupe d'huile d'olive

Sel et poivre noir du moulin

Quelques gouttes de tabasco
  (au goût)

Toutes sortes de tomates !

Ce plat est meilleur si on le
prépare avec différentes variétés
de tomates. Faites un mélange
de tomates cerises, de tomates
prunes, de tomates zébrées et de
variétés anciennes ou autres.

4 PORTIONS

PRÉPARATION 5 minutes

CUISSON 30 minutes

Voici une façon originale de mettre en valeur les tomates mûres. Servez ce plat avec du pain pour absorber la sauce jusqu'à la dernière goutte. Un délice à partager !

Haricots coco et tomates au four

INGRÉDIENTS

310 ml (1 ¼ tasse) de crème épaisse

2 c. à thé (à café) de cassonade ou de sucre roux

2 c. à soupe de câpres, rincées, égouttées et hachées grossièrement

2 gousses d'ail, hachées finement

1 petit bouquet de basilic, haché

Sel et poivre noir du moulin

800 g (4 tasses) de haricots coco en conserve, rincés et égouttés

6 à 7 tomates moyennes bien mûres, en quartiers

CROUTONS

½ pain ciabatta, coupé en morceaux

1 c. à soupe d'huile d'olive

MÉTHODE

1 Préchauffer le four à 200 °C/400 °F/gaz 6. Dans un grand bol, mélanger la crème, la cassonade, les câpres, l'ail et le basilic. Assaisonner généreusement.

2 Ajouter les haricots coco et les tomates. Bien mélanger et verser dans un plat de cuisson assez large pour étaler les tomates en une couche mince. Cuire au four pendant 20 minutes ou jusqu'à ce que les tomates soient tendres et que les bords commencent à prendre couleur.

3 Croûtons : entre-temps, disposer les morceaux de pain sur une plaque à pâtisserie et arroser d'huile d'olive. Cuire au four en même temps que les haricots pendant 5 à 8 minutes ou jusqu'à ce qu'ils soient légèrement croustillants.

4 Retirer les haricots et les croûtons du four. Parsemer les haricots de croûtons et remettre le plat au four pendant 10 minutes. Laisser refroidir un peu avant de servir.

Haricots coco et tomates au four aux olives ou aux anchois

Remplacer les câpres par 2 c. à soupe d'olives noires hachées grossièrement ou une petite boîte de filets d'anchois hachés. Saupoudrer les croûtons de parmesan fraîchement râpé avant de remettre le plat au four à l'étape 4. Pour faire un plat principal copieux, mélanger la préparation avec des pâtes cuites.

4 PORTIONS

PRÉPARATION 10 minutes

CUISSON 45 à 55 minutes

Utilisez une cocotte ou un plat qui convient à la fois à la cuisson au four et à la cuisson sur la cuisinière. Sinon, préparez le tajine dans une casserole et transvidez-le dans un plat de cuisson avant d'y ajouter les œufs.

Tajine de haricots blancs

INGRÉDIENTS

2 c. à thé (à café) de graines de cumin

2 c. à thé (à café) de graines de coriandre

1 c. à thé (à café) de graines de fenouil

1 c. à thé (à café) de flocons de piment

3 c. à soupe d'huile d'olive

2 oignons, en tranches

3 gousses d'ail, broyées

800 g (4 tasses) de tomates hachées en conserve

800 g (4 tasses) de petits haricots blancs en conserve, rincés et égouttés

1 gros bouquet de bettes à cardes (hacher les tiges et les feuilles)

4 gros œufs

Sel et poivre noir du moulin

MÉTHODE

1 Griller les épices à sec dans une poêle, puis les moudre grossièrement dans un mortier.

2 Verser l'huile d'olive dans une cocotte. À feu moyen-doux, faire suer les oignons avec les épices de 10 à 15 minutes ou jusqu'à ce qu'ils soient tendres et légèrement caramélisés. Ajouter l'ail et cuire 1 minute. Ajouter les tomates et les haricots blancs. Porter à ébullition et laisser mijoter pendant 15 minutes ou jusqu'à épaississement de la sauce.

3 Ajouter les bettes à cardes, couvrir et laisser mijoter pendant 5 minutes ou jusqu'à ce qu'elles soient tendres mais encore un peu croquantes.

4 Préchauffer le four à 180 °C/350 °F/gaz 4. Creuser 4 fontaines dans la préparation et casser un œuf dans chacune. Assaisonner légèrement et cuire au four jusqu'à ce que les œufs soient cuits au goût – il faut environ 15 à 20 minutes pour que les blancs coagulent tout en gardant les jaunes coulants.

Garniture croustillante

Réduire en purée 4 pommes de terre moyennes cuites avec 60 ml (¼ de tasse) de lait ou de crème. Étaler la purée sur le tajine. Couvrir avec 100 g (1 tasse) de chapelure mélangée à 100 g (1 tasse) de fromage râpé. Cuire au four de 15 à 20 minutes.

4 **PORTIONS** en entrée ; 2 en plat principal

PRÉPARATION 15 minutes

CUISSON 65 à 75 minutes

La gremolata est un mélange de persil et d'ail qui ajoute beaucoup de fraîcheur à chaque bouchée. Cette recette rappelle le cassoulet sublime du sud de la France.

Casserole de flageolets et de saucisses

Servi nature, ce plat est sans gluten ; utiliser des saucisses sans gluten

INGRÉDIENTS

1 c. à soupe d'huile d'olive

6 saucisses de Toulouse (ou autres saucisses aux fines herbes)

2 oignons, hachés

2 carottes, en morceaux

1 bulbe de fenouil, en tranches

3 gousses d'ail, en tranches

2 feuilles de laurier fraîches ou séchées

1 c. à thé (à café) de graines de fenouil

800 g (4 tasses) de tomates hachées en conserve

310 ml (1 ¼ tasse) de bouillon de légumes ou de poulet

180 ml (¾ de tasse) de vin rouge

800 g (4 tasses) de flageolets en conserve, rincés et égouttés

Sel et poivre noir du moulin

GREMOLATA

1 grosse gousse d'ail, hachée finement

Le zeste de 1 citron, râpé finement

1 petit bouquet de persil plat, haché finement

MÉTHODE

1 Dans une grande cocotte, à feu moyen, chauffer l'huile d'olive et cuire les saucisses jusqu'à ce qu'elles soient bien dorées. Réserver dans une assiette.

2 Dans la même casserole, à feu doux, faire suer les oignons, les carottes et le fenouil avec l'ail, le laurier et les graines de fenouil pendant 10 à 15 minutes ou jusqu'à ce que les légumes soient légèrement caramélisés.

3 Remettre les saucisses dans la cocotte. Ajouter les tomates, le bouillon et le vin rouge, puis porter à ébullition. Laisser mijoter à découvert pendant 40 minutes. Ajouter les flageolets et laisser mijoter pendant 10 minutes ou jusqu'à épaississement de la sauce. Assaisonner au goût.

4 Gremolata : mélanger tous les ingrédients dans un petit bol. Servir le cassoulet dans des bols et passer la gremolata à table.

SUGGESTION POUR LE SERVICE : accompagner ce plat de pain croûté pour ne rien perdre des jus délicieux.

Casserole de flageolets au poulet

Remplacer les saucisses par 4 grosses cuisses de poulet cuites de la même façon dans la cocotte. Remplacer le bulbe de fenouil par 4 ou 5 tiges de céleri.

LÉGUMINEUSES POUR EMPORTER

Les légumineuses permettent de composer des salades et des plats faciles à emporter pour le repas du midi. Conservez-les dans un plat hermétique gardé au réfrigérateur pour les empêcher de sécher ou de perdre leur belle texture.

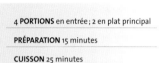
4 **PORTIONS** en entrée ; 2 en plat principal

PRÉPARATION 15 minutes

CUISSON 25 minutes

Si le plat est servi chaud, le fromage fondra pour former une sauce succulente. On peut mélanger cette salade avec des pappardelles ou des fettuccinis cuits.

Lentilles du Puy aux tomates séchées

INGRÉDIENTS

200 g (1 tasse) de lentilles du Puy

1 échalote, en petits dés

2 feuilles de laurier

3 c. à soupe de vinaigre balsamique

3 c. à soupe d'huile d'olive

Sel et poivre noir du moulin

50 g (½ tasse) de tomates séchées

100 g (1 tasse) de gorgonzola

Quelques feuilles de basilic

1 c. à thé (à café) de moutarde de Dijon

100 g (3 ½ tasses) de petits épinards

MÉTHODE

1 Dans une casserole moyenne, mettre les lentilles, l'échalote et le laurier. Couvrir complètement d'eau froide, porter à ébullition et laisser mijoter pendant 20 minutes ou jusqu'à ce que les lentilles soient tendres. Égoutter et retirer le laurier. Ajouter 1 c. à soupe de vinaigre, 1 c. à soupe d'huile d'olive et assaisonner légèrement. Laisser reposer pendant 5 minutes.

2 Entre-temps, couper les tomates séchées et le gorgonzola en gros morceaux, puis ciseler le basilic en lanières fines.

3 Dans un petit bol, à l'aide d'un fouet, mélanger le reste du vinaigre avec la moutarde, puis verser peu à peu le reste de l'huile d'olive. Assaisonner au goût.

4 Servir les lentilles chaudes ou froides sur un lit d'épinards et couvrir de tomates séchées et de gorgonzola. Garnir de basilic et arroser de vinaigrette au goût.

Légumes grillés farcis aux lentilles

Préparer les lentilles comme indiqué ci-haut. Couper les légumes en deux sur la longueur (les épépiner au besoin) et les badigeonner d'huile d'olive. Cuire au four préchauffé à 200 °C/400 °F/gaz 6 : 10 minutes pour les courgettes, 15 à 20 minutes pour les poivrons et 40 à 50 minutes pour les courges. Farcir les légumes avec la préparation de lentilles et remettre au four pendant 10 minutes ou jusqu'à ce que le fromage soit fondu. Servir sur un lit de petits épinards cuits.

4 PORTIONS

PRÉPARATION 10 minutes

CUISSON 10 minutes

Qui saura résister à cette salade hautement protéinée ?
N'hésitez pas à remplacer le thon en conserve par
un reste de thon grillé.

Salade niçoise aux haricots de Lima

VINAIGRETTE

3 c. à soupe d'huile d'olive

2 c. à soupe de vinaigre de vin blanc

1 c. à thé (à café) de moutarde de Dijon

1 c. à thé (à café) de sucre

Sel et poivre noir du moulin

SALADE

4 œufs

3 échalotes, en tranches très fines

800 g (4 tasses) de haricots de Lima en conserve, rincés et égouttés

220 g (1 ¼ tasse) de maïs en conserve, égoutté

Quelques olives vertes ou noires

1 bouquet de persil plat, haché

170 g (6 oz) de thon en conserve, égoutté et effeuillé

MÉTHODE

1 Vinaigrette : dans un petit bol, à l'aide d'un fouet, mélanger tous les ingrédients. Assaisonner au goût.

2 Mettre les œufs dans une casserole d'eau froide. Porter à ébullition et laisser bouillir pendant 5 minutes. Égoutter et rafraîchir à l'eau froide. Écaler les œufs, les couper en deux et réserver.

3 Salade : dans un grand bol, mélanger les échalotes, les haricots de Lima, le maïs, les olives et le persil. Verser la vinaigrette et bien mélanger.

4 Servir la salade dans un bol de service. Couvrir de thon et d'œufs.

Salade niçoise au fromage

Remplacer le thon par 200 g (1 ¼ tasse) de féta émiettée ou de mozzarella déchiquetée. Servir sur un lit de roquette. Pour faire une salade verte, remplacer 400 g (2 tasses) de haricots de Lima par 300 g (1 ½ tasse) de haricots verts frais cuits *al dente*.

4 PORTIONS

PRÉPARATION 10 minutes

CUISSON 30 minutes

Les légumes grillés avec du vinaigre balsamique donnent un goût intense à ce plat ensoleillé.

Salade de haricots blancs et de légumes

Servie nature, cette salade est sans gluten

INGRÉDIENTS

4 c. à soupe d'huile d'olive

3 c. à soupe de vinaigre balsamique

1 c. à thé (à café) de sucre

1 gousse d'ail, broyée

Sel et poivre noir du moulin

2 poivrons rouges, épépinés et coupés en lanières

12 à 15 tomates cerises, coupées en deux

2 oignons rouges, coupés en quartiers sur la longueur

½ courge Butternut, en cubes de 1 cm (½ po)

800 g (4 tasses) de petits haricots blancs en conserve, rincés et égouttés

2 c. à soupe de câpres, égouttées et hachées grossièrement

1 petit bouquet de basilic, haché grossièrement

2 boules de bocconcinis (mozzarella fraîche), hachées grossièrement

MÉTHODE

1 Préchauffer le four à 200 °C/400 °F/gaz 6. Dans un petit bol, à l'aide d'un fouet, mélanger l'huile d'olive, le vinaigre, le sucre et l'ail. Assaisonner légèrement.

2 Étaler les légumes dans une grande plaque à rôtir. Verser la moitié de la vinaigrette et bien mélanger. Cuire au four pendant 30 minutes en retournant les légumes à mi-cuisson.

3 Sortir les légumes du four et ajouter les haricots blancs, le reste de la vinaigrette, les câpres et le basilic. Bien mélanger et garnir de bocconcinis.

SUGGESTION POUR LE SERVICE : accompagner d'un morceau de fougasse pour composer un superbe repas du midi.

Salade de haricots blanc et saumon rôti au miel

Dans un bol, mélanger 1 c. à soupe de miel, 1 gousse d'ail broyée et ½ c. à thé (à café) de paprika fumé. Badigeonner 2 filets de saumon et réserver au froid. À mi-cuisson des légumes, déposer le saumon sur le dessus et poursuivre la cuisson au four. Pour servir, effeuiller le poisson cuit sur la salade en remplacement des bocconcinis.

4 PORTIONS

PRÉPARATION 30 minutes + marinade

CUISSON 15 minutes

Cette salade croquante rehaussée d'une vinaigrette légèrement piquante peut transformer un simple repas du midi en vrai festin. Utilisez différentes variétés de haricots verts longs, dont les fameux doliques asperges.

Salade de poulet au lait de coco

POULET

4 petites poitrines de poulet (blancs de volaille) sans la peau

250 ml (1 tasse) de lait de coco

1 morceau de gingembre de 4 à 5 cm (1 ½ à 2 po), pelé et râpé

2 gousses d'ail, broyées

1 c. à thé (à café) de curcuma moulu

2 à 3 piments oiseaux, hachés finement

1 petit bouquet de coriandre (hacher les tiges minces et les feuilles)

Sel et poivre noir du moulin

SALADE

300 g (1 ½ tasse) de haricots d'Espagne, en petits morceaux

300 g (1 ½ tasse) de haricots verts ou de doliques asperges

2 courgettes vertes ou jaunes, coupées sur la longueur en rubans minces

VINAIGRETTE

2 c. à soupe d'huile de sésame

Le zeste et le jus de 1 grosse lime (citron vert)

1 piment oiseau, haché finement

1 petit bouquet de coriandre (hacher les feuilles)

1 à 2 c. à thé (à café) de sucre

MÉTHODE

1 Poulet : faire 2 ou 3 incisions dans chacune des poitrines de poulet avant de les mettre dans un plat peu profond. Ajouter le lait de coco, le gingembre, l'ail, le curcuma, les piments et la coriandre. Assaisonner au goût et bien mélanger. Frotter la volaille sur toutes les faces avec les assaisonnements. Couvrir et laisser mariner au réfrigérateur pendant au moins 2 heures ou toute la nuit.

2 Pour cuire le poulet, réchauffer le four à 200 °C/400 °F/gaz 6. Mettre la volaille dans une plaque à rôtir et cuire au four de 12 à 15 minutes ou jusqu'à cuisson complète. Laisser refroidir un peu avant de découper en tranches de 1 cm (½ po) et réserver.

3 Salade : porter une casserole d'eau légèrement salée à ébullition et cuire tous les haricots pendant 3 minutes. Ajouter les courgettes et cuire 1 minute de plus. Égoutter et transvider dans un grand bol.

4 Vinaigrette : mélanger tous les ingrédients dans un petit bol. Verser sur les légumes chauds et bien mélanger. Servir la salade chaude ou froide et disposer les tranches de poulet sur le dessus.

Salade de tofu et de haricots variés

Variante végétalienne : remplacer le poulet par 150 g (⅔ de tasse) de tofu ferme égoutté et coupé en dés de 2,5 cm (1 po). Faire mariner comme indiqué dans la recette principale. Cuire au four un peu plus longtemps que le poulet, soit 30 minutes à 180 °C/350 °F/gaz 4 ou jusqu'à ce que la marinade soit un peu croustillante sur les bords du tofu. Ne pas laisser noircir.

Cette salade est meilleure servie à la température ambiante, car ses différentes saveurs brillent alors de tous leurs éclats. N'hésitez pas à l'arroser généreusement de jus de citron.

Calmars et haricots au persil et au citron

INGRÉDIENTS

1 gros calmar de 350 g (12 oz), nettoyé et coupé en rondelles de 5 mm ('/₄ de po)

3 c. à soupe d'huile d'olive extra vierge

Le zeste et le jus de 1 citron

3 gousses d'ail, broyées

1 c. à thé (à café) de flocons de piment (ou au goût)

800 g (4 tasses) de haricots blancs ou de haricots de Lima en conserve, rincés et égouttés

4 grosses tomates mûres, en dés

1 petit bouquet de persil plat, haché

Sel et poivre noir du moulin

MÉTHODE

1 Mettre les rondelles de calmar dans un bol. Ajouter l'huile d'olive, le zeste et le jus de citron, l'ail et les flocons de piment. Bien mélanger et laisser mariner au réfrigérateur pendant 30 minutes.

2 Chauffer une poêle jusqu'à ce qu'elle devienne très chaude. Ajouter les calmars avec la marinade. Faire sauter à feu vif de 2 à 3 minutes ou jusqu'à ce qu'ils deviennent opaques.

3 Ajouter les haricots, les tomates et le persil. Assaisonner généreusement et faire sauter à feu vif pendant 2 à 3 minutes ou jusqu'à ce que les tomates commencent à ramollir. Retirer du feu et laisser refroidir à température ambiante avant de servir.

Salade de crevettes

Remplacer le calmar par le même poids de crevettes géantes crues. Faire mariner dans 1 c. à soupe d'huile de sésame grillé et 1 c. à soupe d'huile végétale légère. Ajouter 2 gousses d'ail et 4 oignons verts hachés finement, un peu de gingembre fraîchement râpé, le jus et le zeste de 1 lime (citron vert) et 2 ou 3 piments oiseaux hachés finement. Remplacer le persil par de la coriandre fraîche.

SALADE

500 g (1 lb) de pommes de terre nouvelles

300 g (1 tasse) de haricots verts, effilés

150 g (1 ½ tasse) de chou (blanc, vert
    ou chinois), en lamelles

60 g (1 tasse) de germes de haricot

4 œufs, cuits dur, écalés et coupés en deux

1 petit bouquet de coriandre, hachée

1 piment rouge, haché finement

60 g (2 tasses) de chips aux crevettes
    ou au manioc

SAUCE AUX ARACHIDES

2 piments rouges, hachés

2 gousses d'ail

1 tige de citronnelle, hachée grossièrement

3 feuilles de lime kaffir

Huile de sésame (pour la friture)

100 g (⅓ de tasse) de beurre d'arachide croquant

Le zeste de 1 lime (citron vert)

Jus de lime (citron vert) au goût

½ c. à thé (à café) de grains de poivre noir,
    concassés

4 c. à soupe d'eau

Sucre et sel au goût

4 PORTIONS

PRÉPARATION 15 minutes + marinade

CUISSON 25 à 35 minutes

Servez cette salade avec des chips aux crevettes ou au manioc qui viendront ajouter un peu de croustillant à l'ensemble.

Salade de légumes croquants

POULET ET MARINADE

1 piment rouge, haché finement

2 gousses d'ail, hachées finement

1 tige de citronnelle, hachée finement

1 c. à thé (à café) de poivre noir du moulin

¼ de c. à thé (à café) de muscade, râpée

½ c. à thé (à café) de curcuma moulu

½ c. à thé (à café) de sel

3 c. à soupe d'huile de sésame, d'arachide ou végétale

500 g (1 lb) de poitrines (blancs de volaille) ou de cuisses de poulet, en lanières

2 c. à soupe d'huile végétale (pour la friture)

MÉTHODE

1 Poulet et marinade : dans un grand sac de plastique à fermeture hermétique, mélanger les huit premiers ingrédients de la liste. Ajouter les lanières de poulet, bien remuer et réfrigérer pendant 1 à 12 heures.

2 Sauce aux arachides : au robot culinaire, réduire en pâte grossière les piments, l'ail, la citronnelle et les feuilles de lime. Dans une poêle, chauffer l'huile de sésame et la pâte de piment à feu doux. Ajouter le beurre d'arachide, le zeste et le jus de lime, le poivre et l'eau. Bien mélanger et cuire à feu doux pendant 5 minutes en ajoutant un peu d'eau au besoin. Ajouter du jus de lime, du sucre, du sel et du poivre au besoin.

3 Salade : couper les pommes de terre en quartiers et les mettre dans une casserole d'eau froide. Porter à ébullition et laisser mijoter de 10 à 15 minutes ou jusqu'à ce qu'elles soient presque complètement cuites. Au cours des 2 dernières minutes de cuisson, ajouter les haricots verts dans l'eau bouillante, puis le chou 1 minute plus tard. Ajouter les germes de haricot et égoutter. Laisser 2 ou 3 minutes, puis les rafraîchir à l'eau froide. Réserver.

4 Dans un wok ou une grande poêle, chauffer l'huile végétale. Faire sauter le poulet mariné à feu moyen-vif pendant 5 à 10 minutes ou jusqu'à ce qu'il soit cuit à l'intérieur et doré à l'extérieur.

5 Disposer les légumes dans une assiette. Arroser de sauce aux arachides et disposer les lanières de poulet sur le dessus. Ajouter les œufs, la coriandre et le piment. Accompagner de chips aux crevettes ou au manioc.

Salade végétalienne au tofu

Remplacer le poulet par du tofu ferme et omettre les œufs. Couper le tofu en dés et le laisser mariner pendant 1 à 12 heures. Chauffer l'huile dans un wok et faire sauter le tofu de 5 à 10 minutes ou jusqu'à ce qu'il soit doré et croustillant.

4 PORTIONS

PRÉPARATION 20 minutes

CUISSON 5 minutes

Cette salade contient très peu de matière grasse.
Le jus d'agrume et les piments raviveront vos papilles !

Salade de nouilles et crevettes aux edamames

INGRÉDIENTS

Le jus de 2 limes (citrons verts)

2 c. à soupe de sauce de poisson

2 longs piments rouges, épépinés et hachés finement

2 gousses d'ail, broyées

1 morceau de gingembre de 1 cm (½ po), râpé finement

1 c. à thé (à café) de sucre

Sel et poivre noir du moulin

350 g (12 oz) de nouilles de riz

300 g (1 tasse) d'edamames frais ou surgelés, écossés

300 g (10 oz) de crevettes géantes, cuites et décortiquées

6 oignons verts, en tranches fines

2 c. à soupe d'arachides, grillées et hachées grossièrement

Quelques feuilles de coriandre fraîche

MÉTHODE

1 Dans un grand bol, à l'aide d'un fouet, mélanger le jus de lime, la sauce de poisson, les piments, l'ail, le gingembre et le sucre. Goûter et ajouter un peu de sel et de poivre au besoin.

2 Dans un bol résistant à la chaleur, couvrir complètement les nouilles de riz d'eau bouillante. Laisser reposer pendant 15 minutes. Égoutter, rincer à l'eau froide et égoutter de nouveau. Bien mélanger avec la vinaigrette.

3 Porter une casserole d'eau légèrement salée à ébullition. Ajouter les edamames et cuire de 3 à 4 minutes ou jusqu'à ce qu'ils soient tendres. Égoutter et mélanger avec les nouilles.

4 Ajouter les crevettes et les oignons verts. Bien mélanger et garnir d'arachides et de coriandre.

Salade végétarienne de nouilles au gingembre

Remplacer la sauce de poisson par la même quantité de sauce soja. Omettre les crevettes et faire cuire de 10 à 12 épis de maïs miniatures avec les edamames. Égoutter et mélanger avec les nouilles et 1 poivron en tranches fines.

6 PORTIONS

PRÉPARATION 20 minutes

Généreux et remplis de couleurs vives, ces sandwichs roulés sont excellents pour les pique-niques et les repas du midi.

Sandwichs roulés au thon et aux haricots

INGRÉDIENTS

3 c. à soupe d'huile d'olive

1 c. à soupe de vinaigre de vin blanc

1 c. à thé (à café) de miel

1 gousse d'ail, broyée

1 pincée de flocons de piment (facultatif)

1 pincée de thym séché

800 g (4 tasses) de haricots mélangés en conserve (rouges, pinto, doliques à œil noir, petits haricots blancs, etc.)

220 g (1 ¼ tasse) de maïs en conserve, égoutté

2 avocats mûrs, en tranches

2 poivrons, en tranches fines

1 petit bouquet de coriandre, hachée

Sel et poivre noir du moulin

6 grandes tortillas souples

350 g (12 oz) de thon en conserve, égoutté

MÉTHODE

1 Dans un bol moyen, à l'aide d'un fouet, mélanger l'huile d'olive, le vinaigre, le miel, l'ail, les flocons de piment et le thym.

2 Ajouter les haricots, le maïs, les avocats, les poivrons et la coriandre. Bien mélanger et assaisonner au goût.

3 Répartir la préparation au centre des tortillas, puis couvrir de thon. Replier les extrémités pour maintenir la garniture en place et former 6 rouleaux bien serrés. Couvrir de pellicule de plastique et couper chaque rouleau en deux.

SUGGESTION POUR LE SERVICE : enrober les sandwichs de papier-parchemin pour préserver leur fraîcheur.

Sandwichs au halloumi grillé et à la salade de haricots

Pour faire des sandwichs végétariens, remplacer le thon par du fromage halloumi grillé et les poivrons par 4 grosses tomates mûres hachées grossièrement.

4 PORTIONS

PRÉPARATION 25 minutes

CUISSON 1 h 15 + refroidissement

Ce plat est habituellement servi froid comme mets d'accompagnement. L'huile d'olive extra vierge utilisée au moment du dressage lui donnera beaucoup de saveur.

Haricots coco à l'aubergine

Servie nature, cette recette est sans gluten

INGRÉDIENTS

1 gros oignon, haché finement

3 c. à soupe d'huile d'olive

1 grosse aubergine, en cubes de 1 cm (½ po)

3 gousses d'ail, broyées

Quelques tomates cerises mûres, en quartiers

1 c. à soupe de pâte de tomates

1 c. à thé (à café) de sucre

Sel et poivre noir du moulin

400 g (2 tasses) de haricots coco en conserve, rincés et égouttés

3 c. à soupe d'huile d'olive extra vierge

Le jus de ½ à 1 citron

1 petit bouquet de persil plat, haché grossièrement

MÉTHODE

1 Dans une poêle profonde, à feu moyen, faire revenir l'oignon dans l'huile d'olive pendant 10 minutes ou jusqu'à ce qu'il soit tendre et légèrement caramélisé.

2 Ajouter l'aubergine, baisser le feu légèrement et poursuivre la cuisson pendant 15 minutes en remuant souvent jusqu'à ce qu'elle commence à devenir tendre et dorée.

3 Ajouter l'ail et faire revenir pendant 1 minute avant d'ajouter les tomates, la pâte de tomates, le sucre et 375 ml (1 ½ tasse) d'eau froide. Assaisonner légèrement et porter à ébullition. Baisser le feu et laisser mijoter pendant 30 minutes ou jusqu'à ce que la sauce soit riche et épaisse en ajoutant un peu d'eau au besoin. Ajouter les haricots et laisser mijoter doucement pendant 10 minutes.

4 Laisser refroidir à température ambiante, puis mélanger avec l'huile d'olive extra vierge et le jus de citron. Ajouter le persil et rectifier l'assaisonnement au besoin.

Haricots coco aux carottes épicées

Remplacer l'aubergine par 3 carottes en tranches fines. Ajouter des épices au goût (flocons de piment, cumin, coriandre moulue, carvi, graines de fenouil, etc.). Les haricots coco sont tendres et cèdent facilement sous la fourchette. Pour une texture plus consistante, utiliser des haricots plus fermes comme les petits haricots blancs.

PURÉES
ET GOÛTERS LÉGERS

Les haricots se prêtent à mille et un apprêts, dont le fameux hoummos.
Voici des recettes magnifiques pour l'heure du goûter et les occasions spéciales.

4 PORTIONS

PRÉPARATION 10 minutes

CUISSON 15 à 20 minutes

Le hoummos est la purée de légumineuses la plus connue au monde. Voici une variante savoureuse agrémentée de poivrons rouges.

Hoummos aux poivrons rouges et à l'ail rôti

Servie nature, cette recette est sans gluten

INGRÉDIENTS

2 poivrons rouges

3 c. à soupe d'huile d'olive

3 gousses d'ail, non épluchées

400 g (2 tasses) de pois chiches en conserve, rincés et égouttés

2 c. à soupe de tahini

Le jus de ½ citron

Sel et poivre noir du moulin

MÉTHODE

1 Préchauffer le four à 200 °C/400 °F/gaz 6. Couper les poivrons en lamelles, épépiner et retirer les membranes blanches. Ranger dans une plaque à rôtir et arroser avec 1 c. à soupe d'huile d'olive. Ajouter les gousses d'ail et faire griller au four de 15 à 20 minutes ou jusqu'à ce que les poivrons commencent à devenir tendres et colorés. Retirer du four. Presser sur les gousses d'ail pour les sortir de leur pelure et les mettre dans le bol du robot culinaire. Ajouter les poivrons (réserver quelques lamelles pour la garniture) et hacher grossièrement.

2 Dans le bol du robot culinaire, ajouter les pois chiches, le tahini, 2 c. à soupe d'huile d'olive et le jus de citron. Assaisonner au goût et réduire en purée parfaitement lisse. Au besoin, ajouter de 1 à 2 c. à soupe d'eau froide pour obtenir la texture désirée. Verser dans un bol et laisser reposer pendant au moins 1 heure avant de servir. Garnir avec les lamelles de poivron réservées. Se conserve jusqu'à 5 jours au réfrigérateur.

SUGGESTION POUR LE SERVICE : couper du pain plat en lamelles, puis saupoudrer de sel marin et d'épices au choix. Laisser sécher au four.

Hoummos aux oignons caramélisés

Remplacer les poivrons par 2 oignons rouges coupés en quartiers. Faire rôtir au four de 25 à 30 minutes en prenant soin de ne pas les laisser brûler.

Riche en fibres et pauvre en matière grasse,
cette purée douce se prépare en un clin d'œil.

Purée de haricots blancs et de saumon fumé

INGRÉDIENTS

400 g (2 tasses) de haricots blancs en conserve, rincés et égouttés

125 g (4 ½ oz) de saumon fumé

2 c. à soupe de crème 35 % ou de crème fraîche

Un peu d'aneth, haché finement

Le zeste de 1 citron, râpé finement

Jus de citron

Sel et poivre noir du moulin

MÉTHODE

1 Au robot culinaire, réduire les haricots blancs, le saumon fumé et la crème en purée parfaitement lisse et crémeuse. Ajouter l'aneth, le zeste et le jus de citron. Assaisonner au goût. Mélanger de nouveau et verser dans un bol. Garnir d'un brin d'aneth et servir aussitôt avec des toasts ou des craquelins. Se conserve jusqu'à 3 jours au réfrigérateur.

SUGGESTION POUR LE SERVICE : cette purée est particulièrement délicieuse avec des pointes d'asperges cuites légèrement à la vapeur ou des crudités.

Purée végétalienne à l'aubergine et au paprika fumé

Couper 1 grosse aubergine en tranches de 5 mm (¼ de po) d'épaisseur. Badigeonner légèrement d'huile d'olive et griller dans une poêle chaude jusqu'à ce qu'elles soient tendres et légèrement noircies. Mettre dans le robot culinaire avec les haricots blancs et ½ c. à thé (à café) de paprika fumé. Réduire en purée lisse et assaisonner au goût de jus de citron, de sel et de poivre.

Chaussons aux pois chiches

Remplacer les haricots de Lima par des pois chiches et le cari par le mélange d'épices suivant : 1 c. à soupe de graines de cumin et 1 c. à soupe de graines de coriandre grillées dans une poêle sèche. Moudre dans un mortier ou dans un moulin à épices. Ajouter 1 c. à thé (à café) des épices suivantes : curcuma, cannelle, paprika et gingembre moulus. Ajouter ½ c. à thé (à café) de piment de la Jamaïque et ½ c. à thé (à café) d'assaisonnement au chili, puis mélanger. Ces chaussons sont encore meilleurs si l'on incorpore 100 g (⅔ de tasse) de féta émiettée à la préparation.

6 à 8 PORTIONS

PRÉPARATION 20 minutes

CUISSON 55 minutes

Ces chaussons sont pauvres en matière grasse,
car on les cuit au four au lieu de les frire.

Chaussons à la courge et aux haricots de Lima

Plat végétalien si on utilise de l'huile pour badigeonner la pâte phyllo

INGRÉDIENTS

500 g (1 lb) de courge Butternut,
  pelée, épépinée et coupée en
  cubes de 1 cm (½ po)

3 oignons verts, hachés finement

2 gousses d'ail, hachées

2 c. à soupe de poudre de cari

2 piments rouges, hachés
  finement

2 c. à soupe d'huile végétale

400 g (2 tasses) de haricots
  de Lima en conserve, rincés
  et égouttés

1 petit bouquet de coriandre,
  hachée

60 g (½ tasse) de petits pois
  surgelés

Sel et poivre noir du moulin

Le jus de ½ citron

250 g (9 oz) de pâte phyllo

60 ml (¼ de tasse) de beurre
  fondu ou d'huile végétale

CHUTNEY À LA CORIANDRE

1 petit bouquet de coriandre

1 gousse d'ail, hachée

3 piments verts (ou au goût)

1 c. à soupe de cassonade
  ou de sucre roux (ou au goût)

1 c. à thé (à café) de sel
  (ou au goût)

Le jus de ½ citron (ou au goût)

MÉTHODE

1 Préchauffer le four à 200 °C/400 °F/gaz 6. Mettre la courge, les oignons
verts, l'ail, le cari et les piments dans une plaque à rôtir. Ajouter l'huile
végétale et bien mélanger. Faire rôtir au centre du four pendant 30 minutes
en retournant les légumes à mi-cuisson. Retirer du four, ajouter les haricots
de Lima et bien mélanger. Cuire au four pendant 10 minutes.

2 Laisser refroidir à température ambiante. Écraser délicatement les
légumes à l'aide d'un pilon à purée. Ajouter la coriandre et les petits pois
surgelés (il est inutile de les faire décongeler au préalable). Saler, poivrer
et ajouter le jus de citron.

3 Étaler la pâte phyllo sur un plan de travail bien sec. Couper sur la longueur
des lanières d'environ 10 cm (4 po) de largeur. Badigeonner une lanière
de beurre fondu et placer une autre lanière par-dessus. Mettre 1 c. à soupe
de la garniture à une extrémité de la pâte. Replier le coin inférieur gauche
de la pâte sur la garniture en formant un triangle. Continuer de replier la pâte
jusqu'au bout en enveloppant complètement la garniture. Badigeonner le
chausson de beurre avant de le mettre sur une plaque à pâtisserie. Préparer
les autres chaussons de la même manière. Cuire au four, en les retournant
à mi-cuisson, pendant 10 à 15 minutes ou jusqu'à ce qu'ils soient dorés
et croustillants.

4 Chutney à la coriandre : au robot culinaire, réduire la coriandre, l'ail
et les piments en purée lisse. Ajouter de la cassonade, du sel et du jus
de citron au goût. Servir avec les chaussons chauds.

4 PORTIONS

PRÉPARATION 15 minutes

CUISSON 40 à 55 minutes

Les quésadillas font partie de ces plats réconfortants
qui plaisent à tous. Ne soyez pas surpris
si elles disparaissent dans le temps de le dire…

Quésadillas aux doliques à œil noir

DOLIQUES

2 c. à soupe d'huile d'olive

1 oignon, haché

2 gousses d'ail, hachées
finement

1 c. à thé (à café) de graines
de cumin

1 c. à thé (à café) de paprika

1 pincée de flocons de piment
(facultatif)

400 g (2 tasses) de doliques
à œil noir en conserve,
rincés et égouttés

250 ml (1 tasse) de bouillon
de légumes

Sel et poivre noir du moulin

QUÉSADILLAS

6 grandes tortillas de blé
souples

220 g (1 ¼ tasse) de maïs
en conserve, égoutté

Quelques tomates cerises,
en quartiers

250 g (2 tasses) de cheddar
fort, râpé

1 petit bouquet de coriandre,
hachée

3 c. à soupe de crème 35 %
ou de crème sure (aigre)

Huile végétale (pour la
friture)

MÉTHODE

1 Doliques : dans une poêle, à feu moyen, chauffer l'huile d'olive et faire revenir l'oignon de 10 à 15 minutes ou jusqu'à ce qu'il soit légèrement caramélisé. Ajouter l'ail, le cumin, le paprika et les flocons de piment. Remuer pendant 1 minute.

2 Ajouter les doliques et le bouillon et porter à ébullition. Laisser mijoter de 10 à 15 minutes ou jusqu'à ce que les doliques commencent à former une purée épaisse. Assaisonner au goût.

3 Quésadillas : répartir la préparation uniformément sur 3 tortillas en laissant un bord libre de 1 cm (½ po) tout autour. Ajouter le maïs, les tomates, le fromage et la coriandre. Badigeonner les autres tortillas avec un peu de crème, puis les placer sur les tortillas garnies de façon à former 3 sandwichs.

4 Chauffer un peu d'huile végétale dans une poêle suffisamment grande pour contenir une quésadilla. Cuire à feu moyen de 4 à 5 minutes ou jusqu'à ce qu'elle soit croustillante. À l'aide d'une grande spatule, retourner la quésadilla et la cuire de 2 à 3 minutes de plus. Réserver au chaud dans une assiette. Cuire les autres quésadillas de la même manière. Couper en pointes et servir aussitôt.

Quésadillas au poulet et aux haricots

Remplacer les doliques par des haricots rouges ou des haricots frits en conserve. Couvrir le maïs et les tomates avec un peu de poulet effiloché. Servir avec de la relish aux carottes (voir page 47).

4 PORTIONS

PRÉPARATION 5 minutes

CUISSON 30 à 35 minutes

Vous deviendrez vite un adepte de ces pois chiches irrésistibles qui remplacent magnifiquement les chips.

Pois chiches épicés grillés

INGRÉDIENTS

800 g (4 tasses) de pois chiches en conserve, rincés et égouttés

2 c. à thé (à café) d'huile d'olive

2 c. à thé (à café) de graines de cumin, moulues

2 c. à thé (à café) de coriandre moulue

1 c. à thé (à café) de flocons de piment

Sel marin

MÉTHODE

1 Préchauffer le four à 220 °C/425 °F/gaz 7. Étaler les pois chiches sur du papier absorbant et les éponger avec soin.

2 Étaler les pois chiches dans une plaque à rôtir, ajouter l'huile d'olive, les épices et le sel. Bien mélanger et mettre au four de 30 à 35 minutes ou jusqu'à ce qu'ils soient bien croustillants. Les laisser au four quelques minutes de plus s'ils sont trop tendres.

Mélange exotique

Vous pouvez remplacer les épices de la recette par vos préférées: poudre de cari, paprika fumé et poudre d'ail, etc.

Préparation à l'avance

Les croquettes non frites se
conservent au réfrigérateur
pendant 24 heures.
Préparez-les à l'avance
pour gagner du temps.

6 à 8 **PORTIONS**

PRÉPARATION 20 minutes +
refroidissement

CUISSON 35 à 45 minutes + friture

Ces croquettes croustillantes et savoureuses sont idéales
pour les réceptions. Essayez-les avec un peu de pesto
à l'estragon ou de relish aux tomates vertes.

Croquettes aux haricots de Lima, à l'aubergine et au parmesan

Si l'on utilise du fromage sans présure

INGRÉDIENTS

1 grosse aubergine de 500 g
(1 lb)

2 c. à soupe d'huile d'olive

1 oignon, haché très finement

2 gousses d'ail, hachées
finement

1 c. à soupe de romarin frais,
haché finement

800 g (4 tasses) de haricots
de Lima en conserve, rincés
et égouttés

100 g (1 tasse) de parmesan
fraîchement râpé

60 g (½ tasse) d'amandes
moulues

3 gros œufs, battus

Sel et poivre noir du moulin

200 g (2 tasses) de chapelure
sèche fine

Huile végétale (pour
la friture)

MÉTHODE

1 Préchauffer le four à 180 °C/350 °F/gaz 4. Piquer l'aubergine plusieurs
fois à l'aide d'une fourchette, puis la faire griller entière dans une plaque
pendant 35 à 45 minutes ou jusqu'à ce qu'elle soit tendre au toucher. Laisser
refroidir légèrement avant de la peler et de hacher grossièrement la chair.

2 Entre-temps, chauffer l'huile d'olive à feu doux dans une petite poêle.
Faire suer l'oignon avec l'ail et le romarin pendant 15 minutes ou
jusqu'à ce qu'il soit tendre et translucide.

3 Au robot culinaire, mélanger l'oignon, l'aubergine, les haricots de Lima,
le parmesan, les amandes et 1 œuf battu jusqu'à l'obtention d'une pâte
lisse. Assaisonner généreusement. Laisser raffermir au réfrigérateur pendant
environ 1 heure.

4 Pour faire les croquettes, placer côte à côte un bol peu profond
contenant 2 œufs battus ainsi qu'une assiette contenant la chapelure.
Prendre 1 c. à soupe de la préparation et façonner une croquette. Tremper
la croquette dans les œufs, puis l'enrober de chapelure. Réserver dans une
assiette propre. Faire les autres croquettes de la même manière, puis
réfrigérer pendant au moins 30 minutes.

5 Dans une friteuse, chauffer l'huile végétale à 180 °C (350 °F).
En procédant par étapes, frire les croquettes de 4 à 5 minutes ou jusqu'à
ce qu'elles soient dorées et croustillantes. Laisser égoutter sur du papier
absorbant et servir aussitôt.

4 PORTIONS

PRÉPARATION 15 minutes

Cette purée colorée étonnamment légère
et rafraîchissante suscite inévitablement
la curiosité des convives.

Purée de haricots de Lima aux betteraves

INGRÉDIENTS

50 g (½ tasse) de noix
  hachées

250 g (1 ¾ tasse) de
  betteraves, cuites

400 g (2 tasses) de haricots
  de Lima en conserve, rincés
  et égouttés

1 gousse d'ail, broyée

2 c. à soupe de vinaigre de vin
  rouge

2 c. à soupe d'huile d'olive
  extra vierge

1 grosse poignée de feuilles
  de fines herbes mélangées
  (coriandre, aneth, persil,
  etc.)

MÉTHODE

1 Au robot culinaire, réduire les noix en fines miettes. Ajouter les betteraves, les haricots de Lima et l'ail. Réduire en purée plutôt lisse.

2 Pendant que l'appareil est toujours en marche, verser le vinaigre et l'huile d'olive. Au besoin, ajouter suffisamment d'eau froide pour obtenir une purée lisse. Ajouter les fines herbes et mélanger de nouveau. Réserver à température ambiante pendant 30 minutes pour laisser les saveurs s'amalgamer les unes aux autres.

SUGGESTION POUR LE SERVICE : servir la purée comme hors-d'œuvre dans des feuilles d'endive rouge ou servir celles-ci séparément dans une assiette.

Purée de haricots de Lima aux carottes épicées et aux amandes

Cuire 300 g (2 tasses) de carottes jusqu'à ce qu'elles soient tendres.
Égoutter et mettre dans le robot culinaire avec les haricots de Lima
et l'ail. Ajouter 60 g (¼ de tasse) d'amandes moulues et 1 c. à thé (à café)
de chacune des épices suivantes : cumin moulu, coriandre moulue et
paprika fumé. Poursuivre la recette à l'étape 2.

Rouleaux à l'agneau et à la coriandre

Chauffer un peu d'huile dans une poêle et ajouter 200 g (7 oz) d'agneau haché. Saupoudrer avec 2 c. à thé (à café) de graines de cumin et 2 c. à thé (à café) de graines de coriandre légèrement broyées. Ajouter un peu d'assaisonnement au chili. Cuire à feu vif jusqu'à ce que les épices soient grillées. Réserver.

Cuire les oignons dans la même poêle et poursuivre la recette en omettant le carvi et le paprika. Ne pas utiliser de féta, mais mélanger plutôt l'agneau avec la préparation de pois chiches et de coriandre hachée. Laisser refroidir avant de faire les rouleaux comme indiqué à l'étape 3.

4 PORTIONS

PRÉPARATION 15 minutes

CUISSON 30 minutes

Ces petits rouleaux se dégustent avec les doigts.
Le paprika fumé ajoute beaucoup de saveur à cette
recette sans viande.

Rouleaux à la féta et aux pois chiches

INGRÉDIENTS

2 oignons, hachés

2 c. à soupe d'huile d'olive

1 c. à thé (à café) de flocons
de piment

1 c. à thé (à café) de paprika
fumé

1 c. à thé (à café) de graines
de carvi

2 gousses d'ail, hachées
finement

400 g (2 tasses) de pois
chiches en conserve, rincés
et égouttés

Sel et poivre noir du moulin

200 g (1 ¼ tasse) de féta,
émiettée

270 g (9 ½ oz) de pâte phyllo

5 c. à soupe de beurre, fondu

MÉTHODE

1 Dans une grande poêle profonde, faire suer les oignons dans l'huile d'olive pendant 10 minutes ou jusqu'à ce qu'ils soient tendres. Ajouter les flocons de piment, le paprika et le carvi. Faire revenir pendant 10 minutes ou jusqu'à ce que l'oignon soit très tendre et commence à se caraméliser. Ajouter l'ail et cuire environ 1 minute. Ajouter les pois chiches et assaisonner généreusement. Retirer du feu et réserver.

2 Lorsque la préparation est refroidie, incorporer la féta en évitant de trop l'émietter.

3 Dérouler la pâte phyllo et couper chaque feuille en deux. Couvrir d'un linge humide pour les empêcher de sécher. Badigeonner une feuille avec un peu de beurre fondu, puis la plier en deux pour former un rectangle. Mettre un peu de la garniture sur un des côtés étroits et façonner en forme de saucisse en laissant une bordure libre de 5 mm (¼ de po) tout autour. Former un rouleau serré en scellant bien les extrémités. Badigeonner de beurre et ranger dans un plat de cuisson. Faire les autres rouleaux de la même manière. On peut les conserver au réfrigérateur pendant 12 heures ou les congeler dans une grande assiette sur une seule couche pour les empêcher de coller les uns aux autres. Laisser décongeler au réfrigérateur pendant toute la nuit avant de procéder à la cuisson.

4 Cuisson : préchauffer le four à 200 °C/400 °F/gaz 6. Cuire les rouleaux de 12 à 15 minutes ou jusqu'à ce qu'ils soient croustillants et bien dorés en les retournant à mi-cuisson. Laisser refroidir un peu avant de servir, car le fromage sera très chaud.

4 PORTIONS

PRÉPARATION 5 minutes

CUISSON 5 minutes

Cette purée extrêmement simple et bonne pour la santé ne demande que quelques minutes de préparation. Servez-la avec du pain pita croustillant ou des crudités.

Purée de gourganes à la ricotta

INGRÉDIENTS

250 g (1 ²/₃ tasse) de petites gourganes (fèves des marais) fraîches ou surgelées, écossées

100 g (¼ de tasse) de ricotta

1 petit bouquet de feuilles de menthe, hachées

1 gousse d'ail, hachée finement

1 pincée de flocons de piment (facultatif)

Un peu de jus de citron

Sel et poivre noir du moulin

MÉTHODE

1 Plonger les gourganes dans une casserole d'eau bouillante et cuire pendant 5 minutes ou jusqu'à ce qu'elles soient tendres. Égoutter avec soin et réduire en purée lisse à l'aide du robot culinaire.

2 Ajouter la ricotta, la menthe, l'ail et les flocons de piment, puis mélanger de nouveau.

3 Ajouter du jus de citron et assaisonner au goût. Servir chaud ou à température ambiante.

SUGGESTION POUR LE SERVICE : accompagner la purée de gressins ou de tranches de ciabatta.

Purée de pois au fromage bleu et à la ciboulette

Remplacer les gourganes par la même quantité de petits pois frais ou surgelés. Remplacer la ricotta par du fromage bleu crémeux et la menthe par un petit bouquet de ciboulette hachée.

Les gourganes surgelées

La valeur nutritive des gourganes (fèves des marais) surgelées est identique à celle des gourganes fraîches.

Variantes épicées

On peut cuire l'oignon avec un mélange de cumin moulu, de graines de coriandre broyées et de coriandre moulue. Une autre variante consiste à remplacer les épices par 75 g (½ tasse) de chorizo haché finement que l'on fait revenir avec l'oignon et 1 c. à thé (à café) de paprika fumé.

Pour une saveur orientale, remplacer les épices par de la citronnelle et des feuilles de lime kaffir hachées finement. À l'étape 3, remplacer le chutney à la mangue par un peu de sauce chili douce.

4 PORTIONS

PRÉPARATION 15 minutes

CUISSON 30 minutes

Il suffit de varier les épices pour obtenir un plat différent chaque fois. Laissez-vous guider par votre imagination...

Boules de pois chiches farcies

INGRÉDIENTS

6 œufs moyens

2 c. à soupe d'huile d'olive

1 petit oignon, haché finement

2 gousses d'ail, hachées finement

2 c. à thé (à café) de cumin moulu

2 c. à thé (à café) de coriandre moulue

1 c. à thé (à café) de piment de Cayenne

1 c. à thé (à café) de curcuma moulu

1 c. à thé (à café) de gingembre moulu

400 g (2 tasses) de pois chiches en conserve, rincés et égouttés

Sel et poivre noir du moulin

4 c. à thé (à café) combles de chutney à la mangue

120 g (1 ¼ tasse) de chapelure fraîche

Huile végétale (pour la friture)

MÉTHODE

1 Dans une casserole, couvrir 4 œufs d'eau froide et porter à ébullition. Baisser le feu et laisser mijoter doucement pendant 5 minutes. Retirer du feu et rafraîchir à l'eau froide. Écaler et réserver. Dans un bol, battre les autres œufs légèrement et réserver.

2 Dans une poêle, chauffer l'huile d'olive et faire suer l'oignon pendant 10 minutes ou jusqu'à ce qu'il commence à devenir tendre. Ajouter l'ail et les épices et faire revenir pendant 2 minutes. Verser dans le bol du robot culinaire et ajouter les pois chiches et 2 ou 3 c. à soupe d'eau. Assaisonner généreusement et réduire en purée lisse. Transvider dans un bol et laisser raffermir au réfrigérateur pendant au moins 1 heure.

3 Diviser la préparation en 4 boules de même grosseur. Aplatir chaque boule en cercle et ajouter 1 c. à thé (à café) comble de chutney au centre. Étaler le chutney en laissant une bordure tout autour. Poser 1 œuf au centre et rapprocher les côtés pour l'enfermer complètement dans la préparation de pois chiches. Préparer trois autres boules de la même manière.

4 Plonger les boules dans les œufs battus, puis les enrober uniformément de chapelure. Lorsque les 4 boules sont enrobées, les tremper de nouveau dans les œufs battus, puis les passer encore une fois dans la chapelure.

5 Dans une friteuse, chauffer l'huile végétale à 180 °C (350 °F). Frire les œufs enrobés de 5 à 6 minutes ou jusqu'à ce qu'ils soient dorés et croustillants. Servir chaud ou froid.

DÉLICES SUCRÉS

Oui, il est possible de faire des brownies au chocolat bons pour la santé !
Les recettes suivantes plairont à tous ceux qui aiment les aliments sucrés,
et ce, à toute heure de la journée.

Crêpes aux haricots aduki

Les Japonais sont friands de ces petites crêpes fourrées de purée de haricots aduki (*anko* en japonais). Utiliser la garniture de la page suivante (avec ou sans noix de cajou). Préparer les crêpes en mélangeant au fouet 200 g (1 ¾ tasse) de farine tout usage (type 55), 2 c. à thé (à café) de levure chimique (poudre à pâte), 2 œufs et 2 c. à thé (à café) de sucre en évitant la formation de grumeaux. Ajouter peu à peu 310 ml (1 ¼ tasse) de lait jusqu'à l'obtention d'une pâte ayant la consistance d'une crème épaisse. Chauffer un peu de beurre ou d'huile végétale dans une poêle. Verser 1 c. à soupe de pâte et cuire la crêpe jusqu'à ce qu'elle soit dorée de chaque côté. Réserver dans une assiette et garnir de purée de haricots aduki. Couvrir avec une autre crêpe et sceller les bords. Répéter jusqu'à épuisement de la pâte et de la purée de haricots.

PORTION 10 petits gâteaux

PRÉPARATION 10 minutes + 1 heure de repos

CUISSON 25 minutes

Ces gâteaux sont servis traditionnellement pour célébrer le festival de la mi-automne en Chine. On les prépare habituellement dans des moules décoratifs mais, si l'on n'en a pas, on peut simplement leur donner la forme de galets.

Gâteaux de lune

Végétaliens si on les badigeonne d'huile plutôt que d'œuf battu

PÂTE

70 g (¼ de tasse) de sirop de maïs

2 c. à soupe d'huile végétale

1 c. à soupe d'eau chaude

100 g (1 tasse) de farine tout usage (type 55)

GARNITURE

30 g (¼ de tasse) de noix de cajou crues

400 g (2 tasses) de haricots aduki en conserve, rincés et égouttés

3 c. à soupe de sucre semoule (superfin) (ou plus au goût)

Sucre glace

1 œuf battu ou 2 c. à soupe d'huile végétale

MÉTHODE

1 Pâte : dans un petit bol, mélanger le sirop de maïs, l'huile végétale et l'eau chaude. Ajouter la farine peu à peu jusqu'à l'obtention d'une pâte. (Ajouter un peu de farine si la pâte est très collante.) Pétrir pendant 2 minutes, former une boule et bien l'envelopper de pellicule de plastique. Réfrigérer pendant 1 heure.

2 Préchauffer le four à 200 °C/400 °F/gaz 6. Garniture : moudre les noix au robot culinaire et réserver. Toujours au robot, réduire en purée lisse les haricots égouttés avec 3 c. à soupe de sucre semoule. Mélanger les haricots et les noix et ajouter un peu de sucre au besoin. Façonner 10 boules de même grosseur.

3 Saupoudrer un plan de travail de sucre glace. Abaisser une boule de pâte en formant un cercle de 6 à 8 cm (2 ½ à 3 po) de diamètre. Soulever la pâte avec soin et mettre un peu de garniture au centre. Rassembler pour former une boule. Renverser la boule de façon que les bouts réunis se retrouvent en dessous. Presser les bords pour donner une forme bien ronde aux gâteaux, puis aplatir le dessus.

4 Mettre les gâteaux sur une plaque de cuisson tapissée de papier-parchemin et cuire au four pendant 10 minutes. Laisser refroidir à température ambiante pendant 10 minutes, puis badigeonner d'œuf battu. Remettre au four pendant 15 minutes ou jusqu'à ce que les gâteaux soient parfaitement dorés. Servir chaud ou froid avec un bon thé de Chine.

PORTION 12 brownies

PRÉPARATION 15 minutes

CUISSON 20 minutes

Ces brownies au chocolat regorgent de bonnes fibres grâce aux haricots noirs. Voilà un véritable dessert santé !

Brownies au chocolat et à l'orange

INGRÉDIENTS

400 g (2 tasses) de haricots noirs en conserve, rincés et égouttés

200 g (1 ½ tasse) de chocolat noir 70 % de cacao, fondu

3 gros œufs

4 c. à soupe d'huile de tournesol ou d'huile végétale

125 g (²/₃ de tasse) de sucre semoule (superfin)

75 g (²/₃ de tasse) de farine tout usage (type 55)

3 c. à soupe de poudre de cacao

2 c. à thé (à café) d'extrait de vanille

Le zeste de 2 grosses oranges

2 c. à thé (à café) de levure chimique (poudre à pâte)

½ c. à thé (à café) de bicarbonate de soude

2 ou 3 c. à soupe de lait

MÉTHODE

1 Préchauffer le four à 180 °C/350 °F/gaz 4. Au robot culinaire, moudre les haricots noirs jusqu'à l'obtention d'une pâte friable. Ajouter le chocolat fondu, les œufs et l'huile, puis mélanger jusqu'à consistance lisse. Ajouter le sucre, la farine, le cacao, la vanille, le zeste d'orange, la levure chimique et le bicarbonate de soude, puis bien mélanger. Ajouter de 2 à 3 c. à soupe de lait pour que la préparation soit facile à verser.

2 Graisser et tapisser de papier-parchemin un moule carré de 25 cm (10 po). Verser la préparation et lisser le dessus à l'aide d'un couteau.

3 Cuire au four pendant 20 minutes ou jusqu'à ce que le dessus soit croustillant et que les bords commencent à se détacher du moule. Laisser refroidir complètement dans le moule avant de découper en 12 carrés de même grosseur.

SUGGESTION POUR LE SERVICE : saupoudrer de sucre glace ou de zeste d'orange râpé finement.

Brownies aux canneberges, glaçage au citron

Remplacer le zeste d'orange par 125 g (½ tasse) de canneberges (airelles) séchées. Ces deux recettes de brownies peuvent être agrémentées d'un glaçage au citron préparé en mélangeant 125 g (½ tasse) de fromage à la crème, 3 c. à soupe combles de beurre ramolli, 450 g (4 ¾ tasses) de sucre glace et 2 c. à soupe de jus de citron.

PORTION 2 ou 3 smoothies

PRÉPARATION 5 minutes

Cette boisson rose magnifique plaira à tous ceux qui prennent soin de leur alimentation ainsi qu'aux amateurs de smoothies. Les haricots lui donnent une texture crémeuse sans altérer la saveur des fruits frais.

Smoothie aux petits fruits et aux haricots

Végétalien si on omet le yogourt

INGRÉDIENTS

1 banane

1 poignée de petits fruits variés (fraises, framboises, mûres, bleuets ou myrtilles)

70 g (⅓ de tasse) de haricots blancs ou de haricots de Lima en conserve, rincés et égouttés

125 ml (½ tasse) de jus de pomme

1 c. à soupe de yogourt grec nature (facultatif)

¼ de c. à thé (à café) d'extrait de vanille (facultatif)

MÉTHODE

1 Passer tous les ingrédients au mélangeur jusqu'à consistance parfaitement lisse.

SUGGESTION POUR LE SERVICE : décorer chaque verre d'une framboise fraîche.

Smoothie à l'ananas et au gingembre

Remplacer les petits fruits par de l'ananas frais et la vanille par 1 c. à thé (à café) de gingembre fraîchement râpé. Délicieux à l'heure du petit-déjeuner !

Un gâteau au fromage riche comme il se doit auquel les haricots blancs viennent ajouter une bonne quantité de fibres et de nutriments.

Gâteau au fromage aux haricots blancs

CROÛTE

175 g (1 ³/₄ tasse) de biscuits
Graham

50 g (¹/₄ de tasse) de sucre

3 c. à soupe combles
de beurre, fondu

PRÉPARATION
AU FROMAGE

400 g (2 tasses) de petits
haricots blancs en conserve,
rincés et égouttés

300 g (1 ¹/₄ tasse) de fromage
à la crème

180 ml (³/₄ de tasse) de crème
35 % ou de crème fraîche

3 gros œufs

200 g (1 tasse) de sucre
semoule (superfin)

1 c. à thé (à café) d'extrait de
vanille

1 c. à soupe de café espresso
en poudre

GARNITURE

150 g (²/₃ de tasse) de crème
35 % ou de crème fraîche

1 c. à soupe de sucre semoule
(superfin)

1 c. à thé (à café) d'extrait
de vanille

Chocolat foncé, râpé

MÉTHODE

1 Préchauffer le four à 160 °C/325 °F/gaz 3. Tapisser le fond d'un moule à charnière rond de 25 cm (10 po) de papier-parchemin et beurrer les côtés. Couvrir le dessous du moule d'une double couche de papier d'aluminium et envelopper également les parois extérieures afin de protéger le gâteau de l'eau pendant la cuisson.

2 Croûte : au robot culinaire, réduire les biscuits Graham en fines miettes. Ajouter le sucre et le beurre et bien mélanger. Étaler la préparation uniformément au fond du moule en la tassant avec le dos d'une cuillère. Réfrigérer pendant la confection de la préparation au fromage.

3 Préparation au fromage : dans le bol propre du robot culinaire, moudre finement les haricots blancs. Ajouter le fromage, la crème, les œufs, le sucre, la vanille et le café. Mélanger jusqu'à consistance lisse et crémeuse, puis étaler uniformément sur la croûte. Placer le moule dans un plat à rôtir à bords hauts. Verser de l'eau chaude à mi-hauteur du moule et cuire au four pendant 50 minutes.

4 Entre-temps, préparer la garniture : dans un petit bol, à l'aide d'un fouet, mélanger la crème, le sucre et la vanille.

5 Sortir le gâteau du four et étaler la garniture sur le dessus à l'aide d'un couteau. Laisser refroidir dans le moule à température ambiante, puis réfrigérer pendant au moins 4 heures avant de servir. Démouler et décorer de chocolat râpé.

Gâteau au fromage au citron avec framboises et chocolat blanc

Remplacer le café par le zeste râpé finement de 1 citron et 1 c. à soupe de jus de citron. Omettre la garniture et le chocolat noir. Lorsque le gâteau est complètement refroidi, couvrir le dessus avec 240 g (1 ½ tasse) de framboises fraîches. Faire fondre 80 g (½ tasse) de grains de chocolat blanc et verser sur les framboises à l'aide d'une petite cuillère. Laisser figer le chocolat avant de découper le gâteau.

PORTION 12 muffins

PRÉPARATION 15 minutes

CUISSON 20 à 25 minutes

Ces muffins à base de haricots, de fruits et d'amandes sont un bon choix santé pour le petit-déjeuner.

Muffins épicés aux pommes

INGRÉDIENTS

400 g (2 tasses) de haricots pinto en conserve, rincés et égouttés

3 gros œufs

7 c. à soupe de beurre, fondu et refroidi

100 g (½ tasse) de cassonade foncée ou de sucre roux

3 petites pommes (environ 350 g/3 tasses), pelées, évidées et râpées

250 g (2 ⅔ tasses) d'amandes moulues

2 c. à thé (à café) d'épices mélangées moulues

2 c. à thé (à café) de levure chimique (poudre à pâte)

100 g (½ tasse) de raisins secs

60 g (⅓ de tasse) de flocons d'avoine (et un peu plus pour garnir)

Miel

MÉTHODE

1 Préchauffer le four à 180 °C/350 °F/gaz 4. Chemiser un moule à muffins de 12 cavités.

2 Au robot culinaire, moudre finement les haricots pinto. Ajouter les œufs, le beurre et la cassonade. Mélanger jusqu'à consistance lisse et crémeuse.

3 Transvider dans un grand bol et ajouter les pommes, les amandes, les épices et la levure chimique. Bien mélanger.

4 Incorporer les raisins secs et l'avoine. Verser dans le moule à l'aide d'une cuillère. Saupoudrer légèrement le dessus des muffins de flocons d'avoine. Cuire au four de 20 à 25 minutes ou jusqu'à ce que les muffins soient spongieux. Arroser d'un peu de miel avant de servir.

Muffins épicés aux carottes, aux dattes et aux haricots

Remplacer les pommes par la même quantité de carottes râpées et les raisins secs par des dattes hachées.

PORTIONS 4 à 6

PRÉPARATION 10 minutes

CUISSON 45 minutes + refroidissement
et barattage

Qui saura deviner que cette crème glacée riche
et veloutée contient des haricots blancs ?

Crème glacée aux haricots blancs, à l'orange et à la cannelle

INGRÉDIENTS

400 g (2 tasses) de haricots
blancs en conserve, rincés
et égouttés

250 ml (1 tasse) de lait entier

Le zeste de 2 grosses oranges

1 bâton de cannelle

250 ml (1 tasse) de crème 35 %

125 g (²/₃ de tasse) de sucre
semoule (superfin)

3 jaunes d'œufs

MÉTHODE

1 Mettre les haricots blancs dans une casserole moyenne munie d'un couvercle bien ajusté. Verser le lait et ajouter le zeste d'orange et la cannelle. Porter à ébullition, baisser le feu et couvrir hermétiquement. Laisser mijoter doucement pendant 30 minutes ou jusqu'à ce que les haricots soient très tendres. Retirer du feu et jeter le bâton de cannelle. Au robot culinaire ou au mélangeur, réduire les haricots en purée lisse.

2 Ajouter la crème, le sucre et les jaunes d'œufs dans le bol du robot culinaire et bien mélanger. Transvider dans la casserole propre et cuire à feu très doux environ 10 minutes en remuant souvent jusqu'à épaississement. Retirer du feu.

3 Verser la préparation dans un bol. Poser une feuille de pellicule de plastique directement sur la préparation pour empêcher la formation d'une pellicule fine. Laisser refroidir complètement au réfrigérateur.

4 Passer la préparation à la sorbetière jusqu'à ce qu'elle soit congelée. La texture sera un peu plus dure que celle de la crème glacée ordinaire. Laisser décongeler à température ambiante environ 30 minutes avant de servir.

Crème glacée aux haricots blancs et au chocolat

Remplacer le zeste d'orange et la cannelle par 2 c. à thé (à café) d'extrait de vanille. Avant de mettre la préparation refroidie dans la sorbetière, incorporer 170 g (1 tasse) de grains de chocolat semi-sucré ou de chocolat de qualité haché grossièrement.

Cette soupe nutritive et réconfortante fera le bonheur des vôtres lors des journées froides de l'hiver. Le lait de coco lui apporte une touche exotique fort agréable.

2 PORTIONS

PRÉPARATION 10 minutes + trempage toute la nuit

CUISSON 1 heure

Soupe sucrée aux haricots aduki

INGRÉDIENTS

150 g (½ tasse) de haricots aduki secs, trempés toute la nuit

Le zeste et le jus de 1 tangerine

1 litre (4 tasses) d'eau

1 pincée de sel

180 ml (¾ de tasse) de lait de coco

4 c. à soupe de cassonade pâle ou de sucre roux

MÉTHODE

1 Égoutter les haricots trempés et les mettre dans une grande casserole avec le zeste de tangerine et 500 ml (2 tasses) d'eau. Porter à ébullition et laisser mijoter pendant 1 heure ou jusqu'à ce que les haricots soient très tendres. Pendant la cuisson, ajouter le reste de l'eau peu à peu afin que les haricots deviennent tendres et forment un liquide de cuisson rouge consistant qui vient ajouter de la texture et une belle couleur à la soupe.

2 Lorsque les haricots sont parfaitement tendres, réduire la moitié en purée à l'aide du pied-mélangeur (mixeur-plongeur) ou du robot culinaire. Transvider la purée dans la soupe, puis ajouter le sel et le jus de tangerine. Laisser mijoter pendant 5 minutes.

3 Ajouter le lait de coco et goûter pour déterminer quelle quantité de cassonade ajouter. Servir la soupe chaude ou tiède dans des petits bols.

SUGGESTION POUR LE SERVICE : garnir avec un peu de zeste de tangerine et ajouter un peu de lait de coco ou de crème. Pour obtenir une texture plus lisse, réduire toute la soupe en purée et la servir froide.

Sucettes glacées aux haricots aduki

Verser la soupe refroidie dans des moules à sucettes glacées et laisser durcir au congélateur. On peut aussi faire une crème glacée végétalienne en passant la soupe à la sorbetière.

PORTION 12 carrés

PRÉPARATION 15 minutes

CUISSON 20 minutes

Ces brownies à base de chocolat blanc sont si riches qu'il n'est pas nécessaire d'ajouter de matière grasse. Les haricots blancs leur ajoutent une quantité de fibres fort appréciable.

Carrés aux haricots blancs, aux noisettes et au chocolat blanc

INGRÉDIENTS

400 g (2 tasses) de haricots blancs en conserve, rincés et égouttés

200 g (1 ½ tasse) de chocolat blanc, fondu

3 gros œufs

125 g (²/₃ de tasse) de sucre semoule (superfin)

75 g (²/₃ de tasse) de farine tout usage (type 55)

2 c. à thé (à café) d'extrait de vanille

2 c. à thé (à café) de levure chimique (poudre à pâte)

½ c. à thé (à café) de bicarbonate de soude

100 g (³/₄ de tasse) de noisettes, hachées grossièrement

100 g (½ tasse) de grains de chocolat blanc

MÉTHODE

1 Préchauffer le four à 180 °C/350 °F/gaz 4. Au robot culinaire, moudre les haricots blancs jusqu'à l'obtention d'une pâte friable. Ajouter le chocolat fondu et les œufs, puis mélanger jusqu'à consistance lisse. Ajouter le sucre, la farine, la vanille, la levure chimique et le bicarbonate de soude. Bien mélanger.

2 Graisser et tapisser de papier-parchemin un moule carré de 25 cm (10 po). Verser la préparation de brownies et lisser le dessus à l'aide d'un couteau. Saupoudrer uniformément de noisettes et de grains de chocolat blanc.

3 Cuire au four pendant 20 minutes ou jusqu'à ce que le dessus soit croustillant et que les bords commencent à se détacher du moule. Laisser refroidir complètement dans le moule avant de découper en 12 carrés de même grosseur.

Carrés aux haricots blancs, aux framboises et au chocolat blanc

Avant de verser la préparation dans le moule, y incorporer 160 g (1 tasse) de framboises fraîches et le zeste râpé finement de 1 citron. Saupoudrer le dessus de grains de chocolat blanc, mais omettre les noisettes.

8 PORTIONS

PRÉPARATION 20 minutes + 6 heures
de trempage

CUISSON 30 minutes

Servez ce bon gâteau sans gluten avec une généreuse
cuillerée de crème 35 % ou de crème fraîche.

Gâteau au chocolat et à l'amaretto

INGRÉDIENTS

125 ml (½ tasse) d'amaretto

300 g (2 tasses) de pruneaux,
dénoyautés

200 g (1 ½ tasse) de chocolat
noir 70 % de cacao

125 g (½ tasse) de beurre, en
cubes

400 g (2 tasses) de haricots
blancs ou de haricots de
Lima en conserve, rincés et
égouttés

150 g (¾ de tasse) de sucre
semoule (superfin)

4 gros œufs, séparés

MÉTHODE

1 Dans un bol, verser l'amaretto sur les pruneaux et couvrir de pellicule
de plastique. Chauffer au micro-ondes pendant 1 minute et laisser
tremper pendant au moins 6 heures ou toute la nuit. (On peut aussi chauffer
l'amaretto dans une petite casserole et le verser sur les pruneaux avant
de procéder au trempage.)

2 Préchauffer le four à 180 °C/350 °F/gaz 4. Beurrer et tapisser de
papier-parchemin un moule à charnière rond de 23 cm (9 po). Dans
un bol résistant à la chaleur, mettre le chocolat et le beurre. Poser le bol
au-dessus d'une casserole d'eau frémissante et laisser fondre le chocolat
en remuant de temps à autre.

3 Au robot culinaire, moudre les haricots jusqu'à l'obtention d'une pâte
friable. Ajouter le sucre et les jaunes d'œufs, puis mélanger jusqu'à
consistance lisse. Ajouter le chocolat fondu, la moitié des pruneaux et leur
liquide de trempage. Mélanger jusqu'à consistance lisse.

4 Battre les blancs d'œufs jusqu'à formation de pics fermes. Ajouter 2 c. à
soupe de la préparation de chocolat en mélangeant vigoureusement.
À l'aide d'une cuillère métallique, ajouter le reste du chocolat et des
pruneaux en prenant soin de ne pas trop mélanger. Verser dans le moule
et cuire au four pendant 30 minutes. Laisser refroidir dans le moule
à température ambiante avant de servir.

Gâteau à l'abricot, à l'orange et aux noisettes

Pour faire un gâteau sans alcool, remplacer les pruneaux par la même quantité d'abricots séchés.
Mettre les abricots dans une casserole avec 125 ml (½ tasse) de jus d'orange et 2 grandes lanières
de zeste d'orange. Porter à ébullition, baisser le feu au minimum et cuire à couvert pendant
5 minutes. Retirer du feu et laisser tremper les abricots pendant 6 à 12 heures. Préparer le
gâteau comme indiqué dans la recette principale en incorporant les abricots égouttés et 100 g
(¾ de tasse) de noisettes hachées à la préparation juste avant de la verser dans le moule.

INDEX DES RECETTES
(par variétés de légumineuses)

INDEX GÉNÉRAL

REMERCIEMENTS

J'ai beaucoup aimé écrire ce livre, notamment à cause de l'aide extraordinaire que m'a apportée ma «complice cuisinière» Jo Ingleby. Nous avons eu beaucoup de plaisir à travailler ensemble et à partager nos réflexions en cuisine et à table. Merci, Jo, pour avoir testé toutes les recettes de ce livre avec soin. Tu as vraiment accompli un travail colossal.

J'éprouve beaucoup de gratitude envers Sorrel Wood, qui m'a fait confiance tout au long de ce projet. C'est elle qui m'a mise au défi de faire un livre sur les légumineuses à la fois intéressant et accessible à tous. Merci à Philippa Davis pour son merveilleux sens de l'organisation. Une mention spéciale pour Simon Pask dont les photos magnifiques rendent mes recettes encore plus appétissantes.

Merci à mon agente Kate Hordern pour son soutien, ses encouragements et son enthousiasme inébranlable pour mes recettes et mon travail d'écriture. Santé, Kate !

Enfin, tout mon amour et toute ma reconnaissance à Rob, Izaac et Eve. Vous occuperez toujours la première place dans mon cœur.